# TDAH

Trastorno por Déficit de Atención con Hiperactividad

# X

# RITALÍN

# Mitos Y Verdades

Marcus Deminco

Traducido por Alejandro Martinez Salles

Copyright © 2019 - Marcus Deminco

Todos Los Derechos Reservados.| Salvador – Bahia – Brazil

ISBN: 9781093177954

Independently Published

# ÍNDICE

# Nota Sobre Esta Edición

Estimado lector, con el fin de abordar la interminable y polémica discusión sobre los riesgos, el alto aumento del consumo del medicamento en todo el mundo y los probables efectos de la dependencia del uso de la droga Ritalín (Clorhidrato de Metilfenidato) para el tratamiento del Trastorno por Déficit de Atención e Hiperactividad (TDAH), este libro está diseñado de una manera simple e interactiva para permitirle que amplié su propia opinión sobre los riesgos, ventajas, verdades y mentiras relacionadas con el uso del medicamento Ritalín como la sustancia de primera elección para el tratamiento del TDAH.

Por lo tanto, gran parte de este libro está tomado de capítulos y/o extractos de mi libro Yo y mi DDA – Autobiografía de un Portador del Trastorno por Déficit de Atención e Hiperactividad (TDAH). Principalmente, todo el capítulo en el que reproduzco mi denuncia aceptada por el Ministerio Público Federal (MPF) sobre las presuntas irregularidades practicadas por la Agencia Nacional de Vigilancia Sanitaria (ANVISA), el Laboratorio Novartis (Fabricante de Ritalín) -además del indecente desempeño de los más renombrados expertos nacionales en **TDAH**. En concordancia con el tema aquí propuesto, también se consideró relevante la reproducción integral del capítulo en el que respondo a algunas de las diversas noticias que cuestionan la existencia del **TDAH**, así como la efectividad del Ritalín. Además, el libro contiene aún una lista con algunas celebridades que tienen el **TDAH** y termina con testimonios emocionantes de personas diagnosticadas con el **TDAH**.

# Sobre el Autor

**Marcus Deminco** (Salvador - BA, Brasil. Set, 28 de 1976) es un escritor y psicólogo brasileño; Doctor Honoris Causa en el Trastorno por Déficit de Atención e Hiperactividad (TDAH); Tutor de Programación Neurolingüística (NLP), autor de artículos científicos para el Portal de Psicólogos. (el sitio de psicología más  grande de Portugal) Dueño de varias frases, textos y pensamientos compartidos en redes sociales y sitios web. Además, Marcus Deminco es también el autor de los libros:

1. Yo y mi amigo DDA - Autobiografía de un portador del trastorno del déficit de atención.
2. El secreto de Clarice Lispector. (Edición portuguesa)
3. El secreto de Clarice Lispector (English Edition)
4. VERTYGO - El suicidio Lukas (portugués Edición)
5. VERTYGO - The Suicide of Lukas. (English Edition)
6. Helen Palmer - Una sombra de Clarice Lispector (portugués Edición)
7. La sombra de Clarice Lispector (English Edition)
8. El trastorno bipolar - Información general (portugués Edición)
9. Bipolar Desorden - General Aspects (English Edition)
10. PNL - Lo primero es lo primero (edición portuguesa)
11. Neuro-Linguistic Programming - Beginning by the Beginning (English

Edition)

12. Mensajes para publicar, disfrutar y compartir. Vol. 1
13. Mensajes para publicar, disfrutar y compartir. Vol. 2
14. Mensajes para publicar, disfrutar y compartir. Vol. 3
15. Colección de textos en E-Cards. Vol. 1
16. Colección de Textos en E-Cards. Vol. 2

## Premios y Homenajes

**a)** Autor de "Estafeta Sem Rumo" — Premio de Antología Cecilio Barros Pessoa — Academia de Letras, Artes y Ciencias de Arraial do Cabo, RJ.

**b)** Doctor Honoris Causa en **TDAH** por la Asociación Brasileña de Medicina Psicosomática en reconocimiento a la contribución científica y relevancia social del libro: Yo y mi amigo TDA - Autobiografía de un individuo con Trastorno por Déficit de Atención.

**c)** Uno de los ganadores del premio de poesía contemporánea Além da Terra, Além do Céu otorgado por la Editorial Chiado (Portugal).

## Hable con Marcus Deminco

E-mail: marcusdeminco@gmail.com
Website: http://marcusdeminco.com/
Blog: http://marcusdeminco.blogspot.com.br/
Twitter: https://twitter.com/marcusdeminco
Facebook: https://www.facebook.com/marcus.deminco
Pinterest: https://www.pinterest.com/marcusdeminco/
Instagram: @marcusdeminco
Youtube: https://www.youtube.com/channel/UCRu8yfSoLewjuX6GO6o7Nmw
G+: https://plus.google.com/u/0/114858320913983491464
Tumblr: http://deminco.tumblr.com/
Flickr: https://www.flickr.com/photos/143729713@N06/with/28004881736/
GoodReads: https://www.goodreads.com/author/show/7792932.Marcus_Deminco/
Pensador: https://pensador.uol.com.br/autor/marcus_deminco/

# La Denuncia

Durante el primer semestre de 2013, después de más de cuatro meses sin la distribución de Ritalín de 10 mg en todo el territorio nacional, ante el silencio acumulado de todos los que debían hablar, decidí expresar toda mi indignación. Por lo tanto, puesto que iba a exponerme, como suelo exagerar en lo irrazonable, ciertamente no sería capaz de revelar nada solamente por la mitad. De este modo, y de acuerdo con las sabias palabras de Johann Goethe: "El hombre de sentido común nunca comete una locura de poca importancia" - a través de un correo electrónico abierto, disponible en Internet - el 2 de mayo de ese mismo año, presenté ante el Ministerio Público Federal (MPF) una denuncia por presuntas irregularidades practicadas por la Agencia Nacional de Vigilancia Sanitaria (ANVISA), el Laboratorio Novartis (Fabricante de Ritalín), y la indecente actuación de algunos de los más renombrados expertos nacionales en **TDAH**. Por lo tanto, a continuación reproduzco parte de la información de mi representación.

Queridas damas y caballeros. ¡Buenos días!

Mi nombre es Marcus Deminco. Soy Escritor, Psicólogo, Profesor de Educación Física, Tutor de Programación Neurolingüística (PNL), Doctor Honoris Causa en **TDAH,** autor del libro Yo y Mi Amigo DDA – Autobiografía de un Portador del Trastorno por Déficit de Atención, tengo **TDAH** y también uso Ritalín (Clorhidrato de Metilfenidato). **¿Alguno de ustedes ha oído hablar sobre eso?**

Prefiero suponer que no. Porque solo así podré camuflar mi certeza para no admitir como probable la coexistencia de alguna forma de omisión negligente: ni disfrazada de negligencia ni malévola de ignorancia. Y aunque todavía hay algunas cosas con fuerte olor de complicidad, creo - solo por aparentar la simpatía de un idiota pasivo - que se han escuchado a sí mismos hablar, que posiblemente no han escuchado lo que han escuchado o que han aprendido escuchando a alguien que no podía explicarlo. Y cuando uno aprende algo equivocado con la certeza de que ha sabido lo que es correcto, inevitablemente tiende a cometer numerosos errores, pero sin la menor capacidad de discernir lo que es incorrecto, ya que desconoce lo que es correcto.

Lo peor, sin embargo, es cuando la presunción de pensar que se conoce se vuelve mayor que la conciencia de ver los errores primitivos. Tendemos a cometer nuevos errores cada vez, en proporciones evolutivas y desproporcionadas. Y en el momento en que ocurre algo muy grave - como posiblemente ocurra ahora - por no juzgar su conducta como descuidada, instintivamente, irán a buscar a los culpables de sus errores. Como dijo Nietzsche: "Las convicciones son enemigas más nocivas de la verdad que de las mentiras".

Cada vez que un medio de comunicación me invita a dar una entrevista para hablar sobre el **TDAH**, me enfrento a algunas preguntas peligrosas que tengo que responder. No solo por sus posibles consecuencias, sino sobre todo porque deben ser contestadas por algunos de ustedes. Sin embargo, si hasta ahora nadie ha dicho nada, sobre aquello que hablaban tanto, me atrevo a hablar en honor de su cambio. Sí, como afirmaba Luther King: "La cobardía pregunta: "¿es seguro?" La conveniencia pregunta: "¿es políticamente correcto? La vanidad pregunta: "¿es popular?" Pero la consciencia pregunta: ¿es lo correcto? Y llega una hora en la que uno debe tomar una posición que no es segura, ni políticamente aceptable, ni popular, sino que uno debe adoptarlo porque la consciencia de uno le dice lo que es correcto".

Así que, siguiendo los gritos de mi conciencia moral, con respecto a la falta de respeto que -tanto la Agencia Nacional de

Vigilancia Sanitaria (ANVISA) como Novartis y sus "~~patrocinadores~~"- están destruyendo a los millones de brasileños con Trastorno por Déficit de Atención e Hiperactividad (**TDAH**), junto con sus familias, decidí atender los llamamientos incontrolables de mi corteza orbital frontal y escribirles de manera abierta. De esta manera - además de tratar de aclarar algunas preguntas que ya deberían haber sido aclaradas - se podría aprovechar la oportunidad para definir una respuesta sobria, entre personas no sensatas que puedan denunciar cómo sucedió lo que nunca sucedió. O quizás - como uno que sabe lo que no sabe - todavía puede explicar lo inexplicable.

Admitiendo de antemano mi total ignorancia jurídica... Pero, ignorantemente consciente de la gravedad de los hechos, solicito respetuosamente al Ministerio Público Federal (MPF) que determine cuánta verdad existe, entre todos mis supuestos en el texto a continuación. Sobre todo, en lo que se refiere a los hechos incluidos en los enlaces de los temas 2 y 3:

**( 1 ) Sobre la falta de Ritalín de 10 mg y las justificaciones contradictorias.**

Mientras en una nota a Novartis afirmaba que la falta de la droga se debía a un "retraso" en las autorizaciones de importación del ingrediente activo, un biólogo de Novartis me llamó diciendo que el problema se debía a un "retraso" en la autorización de sales y, por correo electrónico, un empleado afirmó que el "retraso" se debía a una huelga de la ANVISA. El "retraso", siempre utilizado por ellos como eufemismo de falta -tanto de medicina como de respeto-, se atribuyó también a un incendio de proporciones infinitamente devastadoras. Y aunque este hecho parecía ser el descrédito de anteriores travesuras, era quizás la única verdad en este gran festival.

Aunque estaba un poco perplejo al encontrar una verdad perdida bajo tantas mentiras, lo que me impresionó aún más fue la personalidad del fuego. El incendio solo estaba realmente determinado a contradecir la lógica: seleccionó, separó, recogió y eligió quemar solo las tabletas sólidas con partículas de relleno de los Ritalín de 10 mg, al revés de las cápsulas recubiertas por bolas de sacarosa, copolímero de metacrilato de amonio, copolímero de ácido metacrílico, etc. de los Ritalín LA. ¿Será que el incendio era independiente de la razón o dependiente de las drogas?

## 1.1 Después de las mentiras concretas llegaron las verdades abstractas.

El 16 de abril de 2013 - en otra respuesta repetida como para las muchas otras quejas disponibles en el sitio: *Reclame Aquí,* alguien de Novartis afirmó que la regularización estaba **prevista para la última semana de abril**. Solo cuatro días más tarde, pusieron a disposición un comunicado a través de Internet, presentando una nueva justificación que tampoco justificaba nada nuevo, haciendo obvio que el retraso no se debía a todas las demás mentiras anteriores. La nueva declaración contradice lo que se había dicho: el pronóstico para la reposición del mercado interno cambió de la última semana de abril a **finales de mayo de 2013**.

En reciprocidad con tal falta de respeto, el 26 de junio, a través de este mismo sitio, demostré que a menudo hablamos en broma como una forma amable de decir algunas verdades sin ser ofensivos. Pero él sabía que esta técnica nunca debe ser practicada hacia aquellos que, ni siquiera jugando, son capaces de revelar alguna verdad. Y como la negligencia no corresponde a ninguna expresión de broma, sin la más mínima preocupación por ser amable, y ya consciente de que no tendría ningún acceso a esa información tan arrugada, pensé que por libertinaje - al menos - se burlarían de ellos mientras expresaba parte de mi indignación. Y en lugar de quejarme, prefería la indagación cuestionable:

**Estimado Sr. (a) Sr. (a) Fulano (a) de Tal.**

Si, durante 9 años, Joãozinho utilizó 4 comprimidos de Ritalín de 10 mg, pero de repente, disfrutando de la autonomía soberana que la inobservancia de la ANVISA les otorgó, el Laboratorio de Novartis decidió simplemente interrumpir su suministro durante casi 5 meses. Temeroso de posibles reacciones adversas (insertas en la etiqueta del propio medicamento) Joãozinho decide comprar Ritalín sin receta, en el mercado negro. Por favor, marque a continuación para ver la alternativa de quién habría cometido el delito más grave:

**a)** El laboratorio de Novartis

**b)** ANVISA

**c)** Joãozinho

**d)** Quien vendía la medicina y ni siquiera había entrado en la historia.

**e)** N/A (Ninguna de las anteriores)

El mismo día, sin indicar ninguna de las alternativas propuestas por mí, recibí una respuesta de la empresa:

**Estimado señor,**
Agradecemos su contacto y le informamos que esta bandeja de mensajes se utiliza exclusivamente para atender las áreas internas de ANVISA y las entidades del sistema nacional de vigilancia sanitaria, así como para recibir algunos correos electrónicos con archivos adjuntos.
Para mayor velocidad y control:
En caso de denuncias, quejas, sugerencias o elogios, por favor, rellene el formulario electrónico accediendo al enlace: http://www1.anvisa.gov.br/ouvidoria/cadastroprocedimentointer net act.do?metodo=initiate

• Si tiene alguna pregunta, inquietud o solicitud de opiniones o copias de archivos/documentos, comuníquese con la Línea de Ayuda al 0800-6429782;

• En caso de programar reuniones de empresa con las áreas técnicas, por favor, acceda al sistema de salas;

• Correspondencia:

**ANVISA**
Segmento SIA 05 Área Especial 57
CEP: 71,205-050
Brasilia - DF
Sinceramente suyo,
Defensor del Pueblo/ANVISA
Este es un mensaje automático. Por favor, no conteste.

Muchas veces no sé hasta dónde puede llegar la comprensión de algunas personas sobre el **TDAH**, pero después de leer algo tan alienante como esto, tampoco puedo predecir hasta dónde puede llegar la ignorancia de los demás. Estaba claro que no volvería a responder, lo que significaría que no tendrían que pedirme el favor de lo que ya me parecía lógico: no responder a un mensaje automático. Pero como se usa amablemente en un mensaje para expresar que el remitente presta toda su atención al asunto, tampoco entendí cómo un correo electrónico automatizado podría haber sido considerado.

Más tarde, sin ninguna justificación plausible, el laboratorio comenzó a demostrar que solo quería saber, a partir de ese hecho, todo lo que debería haber sabido mucho antes. Y, con la lógica retarda, comenzaron a responder algunas quejas que enfatizaban una preocupación tan excesiva como alienada: incluso se olvidaron de los efectos muy adversos que estaban en la etiqueta.

(a) Como su mensaje se refiere a "... haberme interrumpido me está haciendo mucho daño...", con el fin de proporcionar seguridad a los consumidores, nos gustaría recibir más información al respecto, así que si es posible, póngase en contacto con nosotros en el 0800 888 3003, opción 2, (de lunes a viernes de 8:00 a 17:00 horas) e indíquenos el número de caso 01006206.1.

(b) Como en su mensaje hace referencia a "Mi hijo se puso agresivo en las primeras semanas y ahora se enfrenta a una REDUCCIÓN DRÁSTICA DEL RENDIMIENTO ESCOLAR" durante el tratamiento con medicamentos de Novartis, con el fin de proporcionar seguridad a los consumidores nos gustaría recibir más información al respecto, por lo que si es posible, por favor, póngase en contacto con nosotros por teléfono en el 0800 888 3003, opción 2, (de lunes a viernes de 8:00 a 17:00 horas) e indíquenos el número de caso 01003269.

(c) Como en su mensaje hace referencia a "... Estoy frustrado por ser dependiente de una droga..." durante el tratamiento con la droga Novartis, con el fin de proporcionar seguridad a los consumidores nos gustaría recibir más información al respecto, así que si es posible, póngase en contacto con nosotros en el 0800 888 3003, opción 2, (de lunes a viernes de 08.00 a 17.00) e indíquenos el número de caso 01000457.

Así que me distrajo una variedad de preguntas: ¿Estaban los asistentes en el período de formación inicial respondiendo a los correos electrónicos, estábamos hablando de la misma medicina, o nunca leyeron la etiqueta? Y en cuanto a la falta de Ritalín de 10 miligramos...:

**a)** ¿Se debe a la ausencia de Metilfenidato (ingrediente activo)?

**b)** ¿Por la falta de sal (clorhidrato)?

**c)** ¿Por falta de respeto?

**d)** ¿El biólogo de Novartis sabe menos de biología que yo?

**e)** ¿La ANVISA finalmente decidió realizar el pronóstico ya conocido y advertido por cualquier especialista menos renombrado y más especialista, menos comprometido con su partidismo y más comprometido con las personas?

**f)** ¿O son correctas todas las alternativas anteriores?

## ( 2 ) ANVISA X NOVARTIS - ¿Hubo un delito?

En el país donde se nos cobra mucho más por cumplir con nuestros deberes, terminamos conociendo poco sobre nuestros derechos. Aparte del hecho de que no todos los derechos entre los pocos que conocemos servirán para nada. Por lo tanto, apelo

AQUÍ al Ministerio Público para que evalúe, revise y/o elimine todos mis posibles conceptos erróneos.

¿Sigue vigente el siguiente Art. 10 de la Medida Provisional Nº 2.190-34 de 23 de agosto de 2001 en su cláusula XXXIX?

> Interrumpir, suspender o reducir, sin causa justificada, la producción o distribución de medicamentos de línea roja, de uso continuado o esenciales para la salud del individuo, o medicamentos de línea negra, causando escasez de mercado: penalización - advertencia, interdicción total o parcial del establecimiento, cancelación del registro del producto, cancelación de la autorización para operar la compañía, cancelación de la licencia del establecimiento y/o multa.

Asumiendo que un pajarito mudo en una alucinación auditiva lúcida me ha confiado en mi idioma que el último lote de la medicina Ritalín de 10 mg ya estaba en su fabricación en Nov/2012. Sin embargo, no hay manera de probarlo, porque el ave además de muda tiene fobia social y no habla con extraños. Pero si algún organismo competente descubriera que el ave muda está diciendo la verdad, ¿estaría claro que el laboratorio ya sabía que faltaba el medicamento? Y ya sabiendo que le faltaría, su anarquismo también lo exime del cumplimiento del Art. 10 de la Medida Provisional Nº 2.190-34 en la publicación XL?

No comunicar al organismo de vigilancia de la salud del Ministerio de Salud la interrupción, suspensión o reducción de la fabricación o distribución de los medicamentos a que se refiere el punto XXXIX: sanción - advertencia, interdicción total o parcial del establecimiento, cancelación del registro del producto, cancelación de la autorización para operar la empresa, cancelación de la licencia del establecimiento y/o multa;

¿Y si comparamos las dos afirmaciones respectivas, insertadas en la etiqueta de Ritalín (a) y (b) con el único Párrafo del Art. 20. Cap. VI de la Ley No. 9.782 del 26 de enero de 1999, o el Párrafo incluido por el Decreto No. 3.961 del 10 de octubre de 2001 cuál sería la más correcta?

(a) Su mecanismo de acción en el mandato aún no se ha dilucidado plenamente;

(b) Los datos de seguridad y eficacia sobre el uso a largo plazo de Ritalín no son completos;

**Párrafo Único del Art. 20. Cap. VI de la Ley N° 9.782 del 26 de enero de 1999:**

No se puede registrar el fármaco que no tenga en su composición una sustancia que se sepa que es clínica o terapéuticamente beneficiosa.

§ 1 - Solo la droga que contiene en su composición una sustancia reconocida como beneficiosa desde el punto de vista clínico y terapéutico puede ser registrada. (Párrafo incluido en el Decreto N° 3.961, de 10 de octubre de 2001).

Conscientes de que en Brasil no hay remuneración para los conejillos de indias, ¿estaríamos pagando por ser conejillos de indias sin saberlo? No era la primera vez que Novartis actuaba de forma irresponsable, inflexible y totalmente independiente. En 2011, bajo el pretexto de cambiar el envase para ofrecer una mayor calidad del producto, decidieron - con la autonomía soberana que les otorga la falta de cumplimiento - dejar de suministrar el medicamento entre mayo y junio, cuando devolvieron el suministro solo con las *ampollas de aluminio* y la forma de la caja modificada. Habrían actuado en confluencia con el inciso XVI del Art. 3 del Decreto N° 3.961, de 10 de octubre de 2001 (Modifica el Decreto N° 79.094, de 5 de enero de 1977, Que Regula la Ley N° 6.360, de 23 de septiembre de 1976):

> Etiqueta - Identificación impresa, litografiada, pintada, grabada al fuego, a presión o autoadhesiva, aplicada directamente sobre envases, embalajes, envolturas o cualquier protector de envases externos o internos, no pudiendo ser retirada o alterada durante el uso del producto y durante su transporte o almacenamiento.

En cuanto a las advertencias descritas en la etiqueta: "**No interrumpa el tratamiento sin el conocimiento de su médico. [...] El retiro del medicamento puede llevar a la depresión y a**

**consecuencias de hiperactividad"**. ¿Eran médicos de todos los pacientes con **TDAH** en Brasil sin saberlo? ¿Éramos nosotros los culpables de no advertirles que suspenderíamos el tratamiento? ¿Novartis habría violado la ley una vez más? Según el Art. 148 del Decreto nº 3.961, de 10 de octubre de 2001:

> § 1 - Las empresas registradas, fabricantes o importadoras, son responsables de garantizar y velar por el mantenimiento de la calidad, seguridad y eficacia de los productos hasta el consumidor final, con el fin de evitar riesgos y efectos adversos para la salud.

**SUGIERO** también que alguien más competente y/o con mayor conocimiento legal analice otros aspectos que puedan ser considerados como penales según el Decreto No. 3.961, del 10 de octubre de 2001.

## 2.1 ¿Qué hay de los otros prejuicios?

¿En manos de quién deben los portadores del **TDAH** y/o sus familiares tomar el cheque en blanco que puede pagar la cantidad desconocida de esta deuda? ¿Quién pagará las facturas derivadas de esta pérdida, si los valores son tan incalculables como los cálculos que usted presenta intermitentemente? ¿Qué institución puede reparar el daño moral causado por el descuido de la vida de estas personas?

Yo, por ejemplo, estrellé mi coche dos veces en una semana. Y además de las explicaciones que no resolverán los problemas, estoy esperando el remedio autónomo, una multa por exceder - sin darme cuenta de lo que percibía - la señal cerrada. Aunque ni siquiera recuerdo si realmente superé alguna señal. Algo incluso común en la vida de muchas personas con **TDAH**. Como se indica en la Declaración de Consenso Internacional sobre el **TDAH** (2002):

> Los expertos advierten que las personas con **TDAH** tienen dificultades para cumplir con las leyes y normas sociales y están más sujetas a accidentes y situaciones indeseables, como embarazos precoces, enfermedades de transmisión sexual, multas de tráfico, conflictos matrimoniales y depresión.

Ignorando mi multa y considerando a las personas con **TDAH** con predominio de la falta de atención que son atropelladas en calles cercanas a la realidad, pero lejos de las estadísticas. Agregando al tipo predominante de víctimas hiperactivas-impulsivas en accidentes de coche por exceso de velocidad a tasas inconmensurables. ¿Cómo sabrán cuántos de ellos pueden perder, o ya han perdido la vida por la irresponsabilidad de dos instituciones sin jerarquías definidas o preceptos éticos establecidos en sus acciones prácticas?

Estudios realizados por Barkley (2002) han demostrado que a lo largo del desarrollo, la vida de un niño con **TDAH** está impregnada de muchos fracasos. En general, estos niños tienen altos riesgos de expulsión y suspensión escolar, mayores posibilidades de repetición, abandono escolar, relaciones difíciles, problemas de comportamiento, desarrollo de ansiedad, depresión, baja autoestima, envolvimiento en drogas y problemas de aprendizaje. Cuando hay un cuadro de comorbilidad, este cuadro puede tener aún más implicaciones a lo largo de la vida. Entonces, ¿cómo compensará a los que han perdido la disciplina en la escuela, a los que han suspendido un examen importante o han sido eliminados en una selección de trabajo? ¿Y quién pagará por las nuevas consultas privadas que tendrán que ser reprogramadas debido a la baja de ingresos?

## ( 3 ) ¿No lo sabía ANVISA?

**3.1.** Veamos primero el pronóstico por los aspectos psicopatológicos del **TDAH** en sí mismo. El Manual de Diagnóstico y Estadística de los Trastornos Mentales (DSM-IV) en su 4ª edición refuerza:

> La impulsividad puede provocar accidentes (por ejemplo, dejar caer objetos, chocar con personas, sostener inadvertidamente un caldero caliente) y participar en

actividades                potencialmente                peligrosas, independientemente de las posibles consecuencias (por ejemplo, patinar en terrenos extremadamente irregulares). Los individuos con este trastorno se distraen fácilmente con estímulos irrelevantes y por lo general interrumpen las tareas en curso para prestar atención a ruidos o eventos triviales que a menudo son fácilmente ignorados por los demás (por ejemplo, una bocina de automóvil, una conversación de fondo). También **añado** la mala curiosidad sin ponderar, el deseo de quererlo todo, la intolerancia, la rutina y la búsqueda de nuevas aventuras.

## 3.2. En cuanto a las comorbilidades presentes en el TDAH, advierte Tannock (2000):

Las personas con **TDAH** son más propensas a abusar de las drogas. El índice puede alcanzar el 50%. En el caso del tratamiento de los dependientes químicos, es esencial investigar si existe un diagnóstico de **TDAH**. La persona puede usar alcohol, marihuana y tranquilizantes como una forma de anestesiar sus pensamientos negativos, su depresión, su agitación y su ansiedad crónica. Es un comportamiento que conduce a la gratificación inmediata. A corto plazo pueden incluso funcionar como alivio porque la gratificación impredecible libera más dopamina, pero el uso crónico lleva a la depresión, la desmotivación total y la desorganización se apodera de la persona. Puede usar anfetaminas, cafeína y cocaína como instrumento de concentración, claridad mental.

**3.3.** Ahora correlacionemos la información anterior con las Fórmulas Químicas (**F.Q**) del Ritalín y la Cocaína:

a)  F. Q - Ritalín (Metilfenidato): $C14H19NO2$

b)  F. Q - Cocaína: $C17H21NO4$

Sin embargo, señalo que aunque las dos sustancias son Inhibidores de la Recaptura de Dopamina (ISRD), el Metilfenidato actúa más en la modulación de los niveles de Dopamina que la Noradrenalina.

**3.4.** Todavía en octubre de 2004, en su edición de No. 1877, la revista **Veja** destacó: "Uno de los aspectos más preocupantes del uso de Ritalín es el recreativo. Algunos adolescentes desmenuzan sus grageas e inhalan el polvo. Otros diluyen la pastilla con agua para inyectarla en la vena [...]".

**3.5.  Se dieron cuenta de ello en junio de 2011:**

En los próximos meses, el Organismo Nacional de Vigilancia Sanitaria está estudiando la forma de declarar ilegal la venta de supresores del apetito que contengan sibutramina o derivados de la anfetamina, como Femproporex, Mazindol y Anfepramone. La medida es loable, ya que llama la atención sobre el importante combate a la medicalización de la sociedad, bandera asumida por la CRP-RJ desde 2006, pero al mismo tiempo preocupante, porque no incluye el combate al uso indiscriminado del Ritalín (ANVISA estudia prohibir las anfetaminas, pero el Ritalín está fuera). El artículo fue publicado en la 32ª edición del CRP Journal - http://tinyurl.com/6djsndr).

**3.6.** El Metilfenidato, en su página de Wikipedia describe las vías orales, transdérmicas y **nasales** como administración del medicamento.

**3.7.** Con el título "Abuso de Ritalín en los jóvenes", un video publicado en Youtube, con fecha de 15 de septiembre de 2010 - un joven demuestra lo fácil que es aplastar la tableta de Ritalín con una cuchara para luego inhalarla.

**3.8.** Aparte de tanta otra información disponible para aquellos que ven lo que miran. En la propia etiqueta del Ritalín, por ejemplo, al menos tres informaciones subliminales son aún más implícitas:

a) Entre las reacciones adversas: Inflamación de los conductos nasales y de la garganta;

b) Nasofaringitis (sin explicar el significado en la etiqueta). Es una inflamación aguda o crónica de la mucosa nasal;

c) En el apartado referente al procedimiento en caso de sobredosis al mencionar que si la sobredosis es oral, está implícita la existencia de otras vías de administración.

**3.9.** Cabe mencionar que, aunque tengo cierta afinidad con todo lo que es extraño, al darme cuenta de que algunas cosas eran mucho más extrañas que mi afinidad, desde febrero de 2011 ya había enviado un correo electrónico a la ANVISA (Protocolo No.: 2011047296) preguntando por otro aspecto turbio:

**Estimado Sr. (a) Asistente de la ANVISA,**

Tengo el Trastorno por Déficit de Atención e Hiperactividad (TDAH) y durante seis años he estado usando las dos únicas drogas psicoactivas nacionales basadas en Metilfenidato: RITALÍN (Novartis) y CONCERTA (Janssen-Cilag). Sin embargo, aparte de algunos psicotrópicos que están menos difundidos para el TDAH y que no se venden en Brasil (Focalin, Daytrana, Adderall, Vyvanse, Dexedrine, etc.), me gustaría saber por qué la STRATTERA (Atomoxetina), fabricada por Eli Lilly, ha estado disponible en los EE.UU. desde hace ocho años y está programada para ser lanzada en Brasil desde el año 2004, ¿no se vende en nuestras farmacias hasta hoy?

Después de todo, en vista de las innumerables medidas adoptadas por la ANVISA para intentar reducir el consumo indiscriminado de medicinas - especialmente psicoactivas - es contradictorio decir que, como único fármaco aprobado para el tratamiento del TDAH que no pertenece a la clase de psicoestimulantes, que se vende sin la Receta Especial (talonario tipo A), con estudios que prueban menores riesgos de dependencia, y que puede administrarse con una sola dosis diaria, la Strattera (Atomoxetina) tiene su comercialización prohibida en Brasil.

**Atentamente,**
**Marcus Deminco**

**3.10.** Responder a algo que no encajaba muy bien con la realidad. Al menos, que yo sepa, la Atomoxetina no pertenece a la clase de los psicoestimulantes y, por lo tanto, se vende en todo el mundo con un simple recipe.

**Querido Señor,**

Tenga en cuenta que el medicamento Strattera está en proceso de ser registrado por esta Agencia. Sin embargo, le informamos que si este medicamento está registrado, solo será recetado por un médico con un talonario especial, tipo A.

Atentamente,
Servicios de Anvisa
Centro de llamadas
Agencia Nacional de Vigilancia Sanitaria
0800 642 9782
www.anvisa.gov.br

3.11. Incluso sin comprender la falta de comprensión de lo que tal vez no debía ser entendido, algo aún más incomprensible fue capaz de desentrañarme después de tantas vergüenzas:

> La Strattera (Atomoxetina) no se puede vender en Brasil. Sin embargo, la ANVISA permite su uso en suelo nacional mientras se compre fuera del país. Considerando que la misión de ANVISA es proteger y promover la salud de la población. Se supone, por supuesto, y obviamente lo dudamos, que nunca permitirían el uso de la Atomoxetina si el fármaco planteara algún riesgo para la salud. Así pues, ¿por qué razón, o con qué pretexto sin razón, se ha condicionado su privación en Brasil (solo en las farmacias) desde 2004?

Es decir, ¿la **Strattera** (Atomoxetina) que no es comercializada en Brasil puede ser importada, pero el Ritalín de 10 mg - soberano en el mercado nacional desde 1988 - ni siquiera en caso de ausencia puede ser importado? ¿Debería entenderlo? Sería importante aclarar todo este derecho, tal vez a alguien le gustaría saber si hay alguna receta especial para importar heroína directamente desde la *Calle Roja* en Amsterdam.

**3.12.** Queriendo solo entender algo inteligible, sobre lo que, al fin y al cabo, yo sería uno de los más interesados, encontré algunas coincidencias casi tan explicables que no son más que coincidencias. Por cierto, los únicos dos medicamentos de primera elección para el **TDAH** en Brasil (con el mismo ingrediente activo Metilfenidato) pertenecían a las dos Industrias Farmacéuticas más poderosas del mundo. El laboratorio Ritalín de **Novartis** Biociences y el Concerta, del laboratorio **Janssen-Cilag**, que es una filial de **Johnson & Johnson**. En 2007, entre las 10 principales industrias farmacéuticas en volumen de ingresos, **Novartis** ocupó el segundo lugar, mientras que **Johnson & Johnson ocupó el** sexto lugar (Top 50 *Pharmaceutical Companies Charts & Lists, Med Ad News, septiembre de 2007).* Entre las 15 compañías farmacéuticas más vendidas en 2008, el laboratorio de **Novartis** ocupó el tercer lugar y **Johnson & Johnson** el séptimo. (IMS Health 2008, Top 15 Corporaciones Globales). Ya en el informe publicado por el *Financial Times Global 500* (2011) con el ranking de las 225 empresas más grandes del mundo (no solo las empresas farmacéuticas), **Johnson & Johnson** apareció en el puesto 25, **Novartis** en el 32 y lejos de ellos, en el 184 apareció **Eli Lilly and Company**. Quizás estos datos explican por qué **Strattera** (Atomoxetina) no puede ser comercializada en farmacias nacionales hasta hoy.

**3.13.** Olvidando que en Brasil ya se falsificaron medicamentos para el cáncer y se vendieron anticonceptivos fabricados con pastillas de harina de trigo, ¿es cierto que la Atomoxetina, utilizada en Estados Unidos desde hace más de 10 años, no pasaría por el estricto sistema de calidad de la ANVISA o existen obstáculos burocráticos para nuestra salud? Por cierto, ¿qué falta para producir o importar algunos genéricos de Ritalín de 10mg? Existen varios Metilfenidatos de 10 mg en varios países: Attenta, Medikinet, Metadate, Methylin, Penid, Rubifen, Focalin. (corríjanme si algunos de estos ya son vendidos aquí en Brasil).

Tampoco sé si ya lo saben, pero hay Metilfenidatos genéricos de larga duración: Watson Metilfenidato ER (genérico de EE.UU.), Teva-Metilfenidato ER-C (genérico de Canadá), Equasym XL, Medikinet XL, Metadate CD, Rubifen SR.

Y de acuerdo con la Ley No. 8.080 del 19 de septiembre de 1990, en su Artículo 6, párrafo 1:

> Se entiende por vigilancia sanitaria un conjunto de acciones capaces de eliminar, reducir o prevenir los riesgos para la salud e intervenir en los problemas de salud derivados del medio ambiente, la producción y circulación

de bienes y la prestación de servicios de interés para la salud, entre ellos:

(a) El control de los bienes de consumo que, directa o indirectamente, están relacionados con la salud, incluyendo todas las etapas y procesos, desde la producción hasta el consumo;

(b) Control de la prestación de servicios relacionados directa o indirectamente con la salud.

De acuerdo con el Art. 1 El Sistema Nacional de Vigilancia Sanitaria comprende el conjunto de acciones definidas en el § 1 del Art. 6 y en los Art. 15 al 18 de la Ley nº 8.080, de 19 de septiembre de 1990, ejecutadas por instituciones de la Administración Pública directa e indirecta de la Unión, de los Estados, del Distrito Federal y de las Ciudades, que ejercen actividades de regulación, normalización, control e inspección en el ámbito de la vigilancia sanitaria.

Art. 2 Corresponde a la Unión en el ámbito del Sistema Nacional de Vigilancia Sanitaria:

I. Definir la política nacional de vigilancia de la salud;

II. Definir el Sistema Nacional de Vigilancia Sanitaria;

III. Estandarizar, controlar e inspeccionar productos, sustancias y servicios de interés para la salud;

IV. Ejercer la vigilancia sanitaria de puertos, aeropuertos y fronteras, y esta atribución puede ser ejercida de manera complementaria por los Estados, el Distrito Federal y los Municipios;

V. Monitorear y coordinar las acciones de vigilancia sanitaria a nivel estatal, distrital y municipal;

VI. Brindar cooperación técnica y financiera a los Estados, al Distrito Federal y a los Municipios;

VII. Actuar en circunstancias especiales de riesgo para la salud;

VIII. Mantener un sistema de información sobre vigilancia sanitaria, en cooperación con los Estados, el Distrito Federal y los Municipios.

Además de los preceptos legales, ¿habría cumplido su **misión** la Agencia Nacional de Vigilancia Sanitaria (**ANVISA**)?

> Promover y proteger la salud de la población e intervenir en los riesgos derivados de la producción y uso de productos y servicios sujetos a vigilancia sanitaria, en acción coordinada con los estados, municipios y el Distrito Federal, de acuerdo con los principios del Sistema Único de Salud, para mejorar la calidad de vida de la población brasileña.

### ¿Qué hay de su visión?

> Ser legitimados por la sociedad como una institución integrada del Sistema Único de Salud, ágil, moderna y

transparente, de referencia nacional e internacional en materia de regulación y control sanitario.

## ¿Habrían seguido los valores de sus preceptos?

- Ética y responsabilidad como funcionario público.
- Capacidad de articulación e integración.
- Excelencia en la gestión.
- El conocimiento como fuente de acción.
- Transparencia.
- Rendición de cuentas.

## ( 4 ) Sobre el exceso de consumo de Metilfenidato en Brasil.

¿Por qué ha aumentado el consumo de Metilfenidato en un 75% entre 2009 y 2011? Si entre septiembre de 2007 y octubre de 2008 se vendieron 1.238.064 cajas, mientras que entre septiembre de 2011 y octubre de 2012 las ventas aumentaron a 1.853.930 cajas, existen algunas razones, al menos, razonablemente obvias para ello.

Aunque algunos expertos de renombre tienen que decir de todos modos, a través de cualquier matemática inventada milagrosamente, que no hubo exceso. También afirman que, debido a la prevalencia del **TDAH**, incluso con estas 1.853.930 cajas, más de tres millones de portadores estarían sin tratamiento en el país. Creo que tal vez, incluso por la necesidad de inventar estadísticas justificables, terminan ignorando otros datos: si por cada caja de drogas psicotrópicas vendidas en Brasil, dos son adquiridas ilegalmente, y si no me equivoco (aunque a veces incluso me engañen), los Metilfenidatos suministrados al Sistema Único de Salud (**SUS**) no se cuentan, ¿cómo pueden hacer valer estos números si ni siquiera existen?

En primer lugar, para verificar si hay un exceso de consumo de Metilfenidato en el Brasil, sería necesario conocer el número de personas diagnosticadas y cuántas de ellas están siendo tratadas con Metilfenidato. Posteriormente, verifique si el aumento en el consumo habría sido mayor que la prevalencia del **TDAH**. El problema, sin embargo, comienza exactamente de ahí: los datos sobre la prevalencia del **TDAH** en Brasil, en su gran mayoría, son manipulados y difundidos en folletos y/o *pseudoartículos* patrocinados por las propias industrias farmacéuticas. ¿Contradirías a tu jefe? Bueno, ellos tampoco.

Según Miguelote (2008), a medida que la producción económica comenzaba a depender de la ciencia como valor, la articulación entre la industria farmacéutica y la industria del conocimiento se convirtió en un engranaje poderoso apoyado por estrategias de marketing. Así, la producción de conocimiento médico, legitimada científicamente a través de la investigación, alimenta la producción de artículos, asegurando, al mismo tiempo, la circulación del conocimiento y la venta de medicamentos. Según el mismo autor, la mayoría de los ensayos clínicos para probar nuevos medicamentos o nuevos procedimientos, patrocinados por la industria, se basan en protocolos que son desarrollados y analizados por el patrocinador. Al investigador se le asigna el papel de reclutar pacientes. Los médicos entrevistados declararon que recibían una remuneración por paciente capturado sin acceso al análisis de datos ni a la preparación del artículo. En algunas encuestas, el valor está preestablecido y es mensual.

Observamos que rara vez se mencionan los posibles conflictos de intereses en las publicaciones. Solo ocho artículos científicos explicitan la financiación de los laboratorios de fabricación. Otro artículo solo aprecia la financiación del laboratorio de fabricación. Investigando, en cada artículo, en cada autor, observamos que el número de artículos que deberían presentar conflictos de interés por recibir financiación de los laboratorios, o por tener co-autoría de los fabricantes, serían 27 artículos, lo que representa el 87% de los artículos científicos analizados [...] Creemos que la financiación oculta de los laboratorios de fabricación en casi todas las publicaciones sobre el uso del Metilfenidato es una cuestión ética grave y que requiere mayor cuidado en la aceptación de los resultados. ¿Por qué se les niega repetidamente estos fondos? Los artículos que no son patrocinados por los laboratorios corresponden prácticamente a los que no abordan el tema del **TDAH**. Los grupos de investigación sobre el **TDAH** en Brasil están todos patrocinados por fabricantes de productos. Pero, ¿cuál es la relación entre los intereses económicos y las acciones sanitarias? La divulgación de las investigaciones científicas brasileñas sobre los usos del Metilfenidato parece estar subordinada a los intereses comerciales que constantemente insisten en negar. (ORTEGA, F. et al., 2010).

Además de algunas "campañas esclarecedoras" llevadas a cabo en las escuelas. Como ha destacado Tainah Medeiros, a través de un artículo disponible en el sitio web del Dr. Drauzio Varella publicado el 10/03/2013:

> Al contrario de minimizar la preocupación que se debe gastar con el diagnóstico del trastorno, hay rumores de que la farmacéutica Novartis hace campañas en las escuelas advirtiendo sobre los riesgos del **TDAH** y aconsejando sobre las formas de identificarlo. Para muchos, esto justificaría el mayor número de diagnósticos y, en consecuencia, el mayor uso de Ritalín en los últimos años. Durante una entrevista concedida al sitio de Drauzio Varella, el farmacéutico negó vehementemente la existencia de tales campañas. En 2010, sin embargo, Novartis y ABDA (Asociación Brasileña de Déficit de Atención) promovieron el concurso "Atención Profesor", cuyo objetivo era "ayudar a los educadores a conocer y tratar mejor el **TDAH**". Para recibir el premio de R$ 7.000, fue necesario presentar las mejores propuestas para la inclusión de los portadores de **TDAH** en el aula. Además de la cuota, las escuelas recibirían un kit que contenía una botella de champán, un certificado escolar de proyecto de inclusión y un trofeo. El líder del proyecto recibiría apoyo nominal para participar en un Congreso Nacional en el área de educación, "contemplando el paso, alojamiento e inscripción por un monto máximo de R$ 4.000,00". Se

sortearon tres escuelas. Novartis negó cualquier tipo de participación en proyectos educativos dentro y fuera de las escuelas, aunque el proyecto busca ayudar en el reconocimiento y la conducta del trastorno y la página oficial del concurso muestra la firma de la empresa como uno de los responsables de la iniciativa.

**ADEMÁS,** ¿tiene este tipo de marketing un carácter legítimo o viola el artículo 199 de la Constitución Federal?

La atención de la salud es gratuita para la iniciativa privada.

§ 3º - Está prohibida la participación directa o indirecta de empresas o capitales extranjeros en la atención de la salud en Brasil, salvo en los casos previstos por la ley. Además de no cumplir con la Medida Provisional No. 2.190-34 / 2001 - en su punto V: anunciar productos bajo vigilancia sanitaria, alimentos y otros, en contra de la legislación sanitaria.

Otro grave problema ético es la estrecha relación entre los renombrados especialistas y el Laboratorio Farmacéutico de Novartis. No por casualidad, son los mismos productores de los pseudo-artículos financiados, responsables de la definición de lo que es el **TDAH** en el propio sitio web del Laboratorio.

De esta forma, ¿**ANVISA** estaría actuando en confluencia con el Decreto No. 3.571, del 21 de agosto de 2000. Art. 3 XXVI en lo que valora: controlar, inspeccionar y dar seguimiento, bajo el prisma de la legislación sanitaria, a la propaganda y publicidad de los productos sometidos al régimen de vigilancia sanitaria?

## 4.1 CONCLUSIÓN:

Es imposible saber si realmente hay un exceso en el consumo de Metilfenidato en Brasil, sin conocer primero la cantidad de medicamento que se utiliza para el tratamiento de los casos de Narcolepsia e Hipersonia idiopática, el número de personas diagnosticadas que están siendo tratadas con Metilfenidato, para "adivinar" (ya que no se puede saber) cuántas cajas se adquieren ilegalmente, tener acceso a la cantidad de Metilfenidato suministrada al Sistema Único de Salud (**SUS**) que no se contabilizan, para solo entonces correlacionar todos estos datos con la prevalencia del **TDAH** en el país.

## ( 5 ) Sugerencias para NOVARTIS.

5.1.**NUNCA** confunda Trastorno por Déficit de Atención con Hiperactividad (**TDAH**) como sinónimo de idiota, discapacitado o lisiado;

5.2.**NUNCA** le pida a una persona con **TDAH** que llame a un número 0800 al que nadie contesta;

5.3.Cuando usted no tiene algo certero, verdadero u objetivo que responder, **NUNCA** copie y pegue la misma respuesta para todas las preguntas enviadas por correo electrónico.

5.4.Averigüe más sobre los medicamentos que vende;

5.5.Inserte también en la etiqueta del paquete de Ritalín: **Dejar de tomar el medicamento puede causar daño a Novartis mismo;**

## ( 6 ) Sugerencias para la ANVISA.

**6.1.** El Trastorno por Déficit de Atención e Hiperactividad (TDAH) es algo muy serio para ser tratado con tal desprecio y falta de respeto;

**6.2.** Sin duda, a pesar de todo, el Metilfenidato es incluso el mejor (no el único) psicotrópico para el tratamiento del **TDAH**. Sin embargo, desde 1988 no podemos estar a merced de una industria farmacéutica tan inflexible como Novartis.

**6.3.** Después de todo, además de STRATTERA (Atomoxetina), el primer medicamento que no pertenece a la clase de psicoestimulantes, aprobado oficialmente en los Estados Unidos para el tratamiento del **TDAH** en niños, adolescentes y adultos, que está previsto lanzarse en Brasil desde 2004, ¿Qué falta para importar los genéricos de 10 mg de Ritalín, como Attenta, Medikinet, Metadate, Methylin, Penid, Rubifen, Focalin? ¿Qué pasa con los genéricos de los Metilfenidatos de larga duración, como el Metilfenidato de Watson ER, el Metilfenidato de Teva-Metilfenidato ER-C, Equasym XL, Medikinet XL, Metadate CD, Rubifen SR?

**6.4.** No obstante, si desean reducir al mínimo y/o evitar el uso no médico (especialmente el uso recreativo) si las pastillas no pueden ser recubiertas, compruebe si existen otros

EXCIPIENTES químicamente compatibles con el Metilfenidato. **Por ejemplo,** si los EXCIPIENTES de 10 mg de Ritalín son: fosfato tricálcico, lactosa, almidón, gelatina, estearato de magnesio y talco. Tal vez no modifique tanto cambiarlos a estearato de magnesio, almidón, croscarmelosa de sodio, lactosa o croscarmelosa de sodio, hipromelosis, povidona, palmitato de estearato de glicerol, celulosa microcristalina, macrogol, dióxido de titanio y macrogol 400.

## ( 7 )  Mensaje a los "RENOMBRADOS"especialistas.

Incluso sin citar su renombre, muchos sabrán cómo reconocerlos entre el repentino silencio de la buena conveniencia. Sin embargo, defender, apoyar, luchar y PROVEER por una causa con tanta laxitud es como ser un soldado sin uniforme en medio de un campo de batalla esperando que el ejército con el mayor poder de artillería emigre, aunque el otro tenga muchos más soldados. Tal vez incluso sea la mejor estrategia de guerra, pero ciertamente nunca será la más honorable.

# Las Polémicas Noticias Sobre El TDAH Y La Ritalín

De repente, varias celebridades de todo el mundo diagnosticadas con el Trastorno por Déficit de Atención e Hiperactividad (**TDAH**) comenzaron a hacer públicos detalles sobre sus vidas y experiencias con el trastorno. Entre los famosos, Steve Jobs, Bill Gates, Steven Spielberg, Tom Cruise, Jim Carrey, Justin Timberlake, Will Smith, Danny Glover, Sylvester Stallone, Michael Jordan, Michael Phelps, Simone Biles, etc...

En consecuencia, el **TDAH** llegó a simbolizar una condición mucho menos despectiva que las ideas primitivas vinculadas a las limitaciones y/o discapacidades. Aquellos que poseían el trastorno, adquirían incluso un cierto "status" de inteligencia, de prodigiosidad. Por ser una condición más frecuente entre diferentes personas, atletas talentosos, creativos, extraordinarios, etc.

Sin embargo, si el entonces reloj que nunca había medido mi tiempo de acuerdo con la cronología ordinaria de otros hombres estaba finalmente sincronizado; si en ese mismo momento, quizás por primera vez en toda mi vida, estaba en perfecto acuerdo con los acontecimientos del mundo contemporáneo, tenía poco tiempo para disfrutar de esa puntualidad sin pretensiones. Porque, casi simultáneamente, también empezaban a surgir innumerables historias, tratando de desentrañarme, de dejarme fuera de la única situación en la que no había llegado tarde. Como si quisieran volver a ponerme en el puesto de retardado, varios factores comenzaron a revelar que ese desorden que tenía diagnosticado hace once años, pero que ahora en plena forma, en la ocasión más propicia, simplemente no existiría.

Sin embargo, entre las más variadas y fabulosas noticias, algunas merecen - incluso en caso de fallecimiento recíproco - un cierto destaque. Durante el primer semestre de 2013, por ejemplo, un titular replicado por varios medios de comunicación, preguntaba y respondía al mismo tiempo: "¿Por qué los niños franceses no tenían déficit de atención? "En su contenido descriptivo, los informes afirmaban - con la propiedad de alguien que a lo sumo podría suponerlo - que la filosofía educativa, junto con un enfoque psicosocial holístico por parte de expertos franceses en salud mental, hacía que el TDAH simplemente desapareciera, o que fuera capaz de reducir su incidencia en números diminutos.

Pero como ignorar su propia ignorancia es la característica principal de los ignorantes, movidos por una urgencia irracional de desvelar ligeramente toda su estupidez, estos periodistas, columnistas, blogueros y muchos otros analfabetos funcionales, autoinstruidos por la presunción de lo que creen saber -sin siquiera saber exactamente lo que piensan- ni siquiera se molestaron en investigar el origen de estas fuentes, o en investigar -incluso si fue a través de una búsqueda rápida por parte de Google- la veracidad de la estupidez antes de reproducirla. Pero, como ya dijo Aristóteles: "El ignorante afirma, el sabio duda y el sabio reflexiona". Y aunque no simpatizo mucho con la sabiduría, a veces - incluso por rabietas - soy lo suficientemente testarudo como para actuar en total desacuerdo con lo que a mí mismo no me gusta, solo para finalmente ser capaz de reflexionar de forma ponderada:

Después de todo, ¿por qué habría una Asociación Francesa de Déficit de Atención si el trastorno ni siquiera era frecuente allí? ¿O por qué tendría una página en Facebook (HyperSupers - TDAH France) con más de 18.000 miembros, fundada desde el 5 de febrero de 2002 con la misión de ayudar a las personas afectadas por el TDAH? ¿Asistirían los especialistas de la Asociación Francesa para el Déficit de Atención en ausencia de personas con TDAH, produciendo artículos científicos, proporcionando servicios de información y guiando a los insectos hiperactivos?

Otros informes, no menos irresponsables e igualmente extravagantes, afirmaban que varios jóvenes utilizarían Ritalín (clorhidrato de metilfenidato) para estar más iluminados y de buen humor en fiestas como las *Raves* y los carnavales. En uno de estos temas, incluso mencionaron el caso de un joven enfermero que dijo que se sentía deseado, guapo y con una sensación de poder - además de experimentar un escalofrío como antes de un orgasmo- cada vez que tomaba el medicamento. Otro tipo dijo que hacía uso de la medicina antes de salir a los clubes, asegurándose de que bajo el efecto del Ritalín llegaba a las fiestas besando a todo el mundo.

Confieso - con el sarcasmo contradictorio de la seriedad de quienes confiesan algo realmente importante - que frente a todos estos casos, yo estaba irónicamente preocupado: o me estarían vendiendo el medicamento falsificado o la píldora que tomé diariamente durante tantos años sería cualquier otro medicamento, excepto ese Ritalín con tantos poderes mágicos. Primero, porque su propia fármaco dinámica causa mucho más un efecto apático que excitatorio. Al menos así es como funciona el ingrediente activo de Ritalín en mi cuerpo. Según esto, la indolencia, la disminución del deseo sexual, la xerostomía (sequedad de la boca), el empeoramiento de la sociabilidad, la mayor tendencia a la irritabilidad, además del efecto conocido como "visión de túnel" (cuando la persona se detiene tan intensamente en algo e ignora a todas las demás cosas y a las personas que la rodean), no parecen ser sensaciones de lo más placenteras, ni tan libidinosas como para que alguien quiera andar por ahí con tanto entusiasmo.

Como si no fuera suficiente, o como si no fuera suficiente, a veces se reprodujo en innumerables páginas web que no tenían nada más útil para difundir sino la misma vieja noticia, anticuada y ya negada durante años: la imagen de un hombre burlesco, que ilustra el título: "El Dr. Leon Eisenberg, el padre del **TDAH**, dijo justo antes de su muerte que el **TDAH** es una enfermedad ficticia".

Dejando de lado toda inconsistencia inmersa en las palabras que encabezan esta noticia. Después de todo, un padre que declarara que su propio hijo es una ficción inventada por él mismo estaba, como mínimo, fuera de lugar para que creyeran, de antemano, tanta veracidad sobre el contenido de las noticias. Sin embargo, siempre que se dejaba tiempo al lado negativo de la falta, terminaba por no contenerme en la replicación de algunos de estos sitios. En una de ellas -a través del espacio destinado a críticos, sugerencias y comentarios- decidí reorganizar a su columnista, una consultora farmacéutico y bioquímico.

Inicialmente, declaré que en la traducción del texto original al alemán, ella (o algún otro traductor igualmente incompetente) había modificado toda la veracidad de los hechos: lo que realmente se dijo, en el lugar donde se dijo, cuando se dijo y por quién se dijo. Por ejemplo, el título en sí mismo no es coherente con la verdad, ni con la información que la autora presenta en su propio texto: "La confesión en el lecho de muerte del inventor del TDAH: el TDAH es una enfermedad ficticia [...] A los 87 años de edad y siete meses antes de su muerte, el padre científico del TDAH declaró en su última entrevista: El TDAH es un excelente ejemplo de enfermedad ficticia".

En primer lugar, porque la alegación de que el Dr. Leon Eisenberg había declarado esto habría puesto la fecha de su enunciación alrededor de febrero de 2009. Sin embargo, en cuanto a la documentación para la supuesta cita se proporciona en inglés, la afirmación de que el TDAH sería una enfermedad manufacturada, se refiere a una entrevista realizada el 2 de agosto de 2012 con el Profesor de Psicología de la Universidad de Harvard, Dr. Jerome Kagan. Y con el título, Entrevista de Spiegel con Jerome Kagan: What about Tutoring Instead of Pills? (¿Qué hay de las explicaciones en lugar de las píldoras?), una sola respuesta (1.2) del entrevistado fue suficiente para finalmente negar que las noticias tan plagiadas, anticuadas, recurrentes y que molestan a cada una de las personas con TDAH.

**(1.1) Spiegel:** Los expertos dicen que 5.4 millones de niños estadounidenses tienen síntomas típicos de **TDAH**. ¿Estás diciendo que este trastorno mental es solo un invento?

**(1.2) Kagan:** Es correcto; es una invención. Cada niño que no está bien en la escuela es enviado a ver a un pediatra, y el pediatra dice: "Es **TDAH**, aquí está el Ritalín." De hecho, el 90% de estos 5.4 millones de niños no tienen un metabolismo anormal de dopamina. El problema es que si el medicamento está disponible para los médicos, ellos harán el diagnóstico correspondiente.

Mientras que otro artículo -no publicado en el sitio, sino reproducido por el periódico *Der* Spiegel- dejaba claro que el Dr. Eisenberg nunca afirmó que el **TDAH** fuera un trastorno irreal. De hecho, solo había dicho que: "La predisposición genética del **TDAH** está completamente sobreestimada."

Luego, tan serio como mi bulliciosa impulsividad logró frenar todo el ímpetu de mi ironía verbal, le presenté a la entonces columnista, el enlace a un sitio, donde la gente, mucho más arraigada que ella, presentaba argumentos (poco consistentes, pero que ya validaban más que todas estas noticias sin fundamentos) con la intención de probar la inexistencia de las jirafas. Afirman que estos animales, cuando aparecen en películas, son meros ensamblajes, mientras que los de los zoológicos, en el mejor de los casos, serían especies de robots. Y consideran idiotas a todos los que creen en la existencia del animal. Finalmente, le expliqué que tal vez el absurdo que se le reveló frente a estas personas que no creían en las jirafas era tan incoherente para mí como aquellos que no creían en la veracidad del **TDAH**.

Sin embargo, debo admitir que, inmensamente más ruinoso que todas estas noticias deletéreas, ocurre cuando el descrédito surge, precisamente, de aquellas personas más cercanas a vuestra realidad. Como se ha informado anteriormente, en el libro *Tendencia a la distracción*, Edward Hallowell y John Ratey (1999) esto se menciona incluso entre los primeros de los problemas más comunes en el tratamiento del **TDAH**:

> Algunas personas, especialmente importantes en la vida - padre, madre, cónyuge, maestro, empleador, amigo- no aceptan el diagnóstico del **TDAH**. Ellos no "creen" en el **TDAH** y no quieren discutir sobre ello. Es como si fuera en contra de su religión o visión del mundo. Hacen que la persona con **TDAH** se sienta como un fraude o un impostor. Este tipo de respuesta de los incrédulos puede socavar tanto la esperanza que acompaña al diagnóstico como el tratamiento. A menudo oímos variantes del tipo: "No existe tal cosa como un **TDAH**. Es solo una excusa para la pereza". Lo importante es la información. Aténgase a los hechos. Preste atención a los hechos, usándolos para enfrentar la superstición, los rumores, el qué dirán, los prejuicios y la desinformación. Trate de evitar los debates incendiarios. Es común usar objeciones diagnósticas para ocultar problemas emocionales. Puede haber enojo en la

persona diagnosticada. Puede haber resentimientos hacia la persona por todos sus errores y puede no haber deseo de que escape fácilmente con un diagnóstico. Quieren castigo y por esta razón están cada vez más enojados con la noción de **TDAH**, tratando de desacreditarla. En esos momentos es mejor quedarse con la ciencia, así que manténgase al tanto de los hechos que hay sobre el **TDAH**. En algún momento los sentimientos de enojo deben ser tratados por lo que son: el enojo usualmente surge del comportamiento irritante del pasado por parte de la persona con **TDAH**. Esos sentimientos son perfectamente comprensibles y válidos. Sin embargo, no deben utilizarse para invalidar un diagnóstico correcto de **TDAH**.

También confieso - en contra de toda mi voluntad de omitirlo - que el deshonor en mi condición nunca se ha limitado solo al **TDAH**. Ni siquiera tuve una percepción plena de todo el daño que me había costado toda una vida académica con dislexia. Desde el bajo rendimiento escolar hasta el malentendido de casi todo lo que leí y/o escribí. Desencadenar problemas graves caracterizados por el reconocimiento preciso o fluido de palabras, problemas de decodificación y dificultades ortográficas. Como afirma Willcut (2001), la presencia del **TDAH** aumenta significativamente el deterioro del procesamiento de la lectura en pacientes disléxicos: la lectura requiere una atención considerable para seleccionar la información relevante e ignorar los estímulos menos importantes. Las personas con **TDAH** en comorbilidad con dislexia presentan más problemas de comportamiento, menor autoestima, mayor incidencia de abandono escolar y un peor pronóstico en comparación con el grupo con TDAH o dislexia sola.

> La dislexia es la discapacidad de aprendizaje más común (TA), que ocurre en aproximadamente el 8% de los niños en edad escolar. Las estimaciones más conservadoras apuntan a la prevalencia del TA en aproximadamente el 25% de los niños con TDAH. Tanto el TDAH como la dislexia están asociados con múltiples déficits neuropsicológicos, en particular con deficiencias de las funciones ejecutivas (WILLCUT, 2001).

No sé si por la ausencia de autocompasión que nunca me incitó a la vocación de interpretar a la víctima, o porque para mí siempre se me ha dado el papel de comprender el desorden de todos los que me rodean. Sin embargo, la prevalencia de la verdad es que, sin nunca darme cuenta de la profunda vergüenza que ese tipo de descuido de mi condición me causó, el 25 de noviembre de 2013, recibí de una "persona cercana a mi realidad", un correo electrónico con el enlace a una entrevista, tan absurdo y abstracto como algunos ya citados anteriormente:

> **El uso indiscriminado de Ritalín puede causar 'genocidio del futuro', dice un pediatra.**
> Indicado para tratar a pacientes con déficit de atención e hiperactividad (TDAH), Ritalín ha sido indicado de forma incontrolada en el país. Actualmente, Brasil ocupa el segundo lugar en el mundo en consumo de drogas, por

detrás de Estados Unidos. En el caso de los niños, que tienen el cuerpo aún en crecimiento, el riesgo es aún mayor. "Se habla mucho de que si el niño no es tratado, se convertirá en un adicto a las sustancias químicas o en un delincuente. No hay datos que digan eso. Entonces no hay pruebas de que funcione. Al contrario, no funciona. Y lo que está sucediendo es que el diagnóstico de **TDAH** se está haciendo con un porcentaje muy grande de niños, indiscriminadamente", dice la pediatra María Aparecida Affonso Moysés, profesora del Departamento de Pediatría de la Facultad de Ciencias Médicas (FCM) de Unicamp. El experto dice que si no hay un control más estricto sobre la droga, las generaciones futuras pueden sufrir considerablemente. "Corremos el riesgo de crear un genocidio futuro." Ritalín es un Metilfenidato de la familia de las anfetaminas y su objetivo es mejorar la concentración, reducir la fatiga y acumular más información en menos tiempo. Sucede que la droga puede ser químicamente dependiente, ya que tiene el mismo mecanismo de acción que la cocaína, y está clasificada por la Drug Enforcement Administration como narcótica. Las reacciones adversas al uso de drogas ocurren en todo el cuerpo y, en el sistema nervioso central, son más incisivas. "Esto se menciona en cualquier libro de Farmacología. La lista de síntomas es larga. Si el niño ya ha desarrollado dependencia química, puede enfrentar la crisis de abstinencia. También puede tener insomnio, somnolencia, empeoramiento de la atención y la cognición, brotes psicóticos, alucinaciones y el riesgo de cometer incluso suicidio. Estos datos están registrados en la Food and Drug Administration (FDA).

Haciendo caso omiso del nocivo pronóstico utilizado como título de la entrevista, inicialmente, el ligero descuido del pediatra al mencionar solo el nombre de comercialización de uno de los medicamentos, Ritalín, en lugar de aludir a su ingrediente activo, el Clorhidrato de Metilfenidato, que además de cubrir los nombres comerciales de los otros tipos de Metilfenidatos disponibles en el Brasil, daría a los lectores una mayor comprensión en cuanto a la diferenciación de su dosificación, de los laboratorios de fabricación y, sobre todo, en cuanto a su tiempo de acción:

a) Ritalín® 10 mg. (Laboratorio Novartis): Metilfenidato de acción corta, con efecto, de 3 a 5 horas;

b) Ritalín® LA 20, 30 y 40 mg. (Laboratorio de Novartis): Metilfenidato de acción prolongada, con efecto de aproximadamente 8 horas;

c) Concerta® 18, 36 o 54 mg. (Laboratorio Janssen-Cilag): Metilfenidato de acción prolongada, con efecto, de 10 a 12 horas;

Al declarar que el fármaco está "indicado para tratar a los portadores del déficit de atención e hiperactividad (TDAH)" - aunque puede, pero no debe considerarse como un error grave - la mera omisión del término "trastorno" o "disturbio" que precede a la expresión "déficit", ya en el uso de la vocal "y" al entorno de las palabras "atención" e "hiperactividad", parece ignorar la existencia de casos en los que el trastorno se produce sin la presencia de hiperactividad. Por ello, desde 1994 la *Asociación Psiquiátrica Americana* (APA) ha adoptado el término Trastorno por Déficit de Atención e Hiperactividad, con el uso de la barra que precede a "Hiperactividad" como demostración de que el trastorno puede surgir con o sin hiperactividad, aunque la hiperactividad es el síntoma que más define esta condición. Todavía en este mismo extracto, ella también demuestra no saber que además del **TDAH**, el Metilfenidato se utiliza en el tratamiento de casos de Narcolepsia e Hipersonia Idiopática.

Luego, cuando dice que "el Ritalín ha sido indicado de manera incontrolada en el país. Actualmente, Brasil ocupa el segundo lugar en el mundo en consumo de drogas, por detrás de Estados Unidos. Incluso sin mencionar datos, pronósticos, porcentajes, estadísticas, estimaciones, mentiras, etc., o cualquier tipo de recurso por delante de sus falacias, como cabría esperar de alguien con experiencia en lo que dice, sigue logrando la increíble hazaña de cometer graves errores numéricos por el mero descuido de lo que no sabe. Aunque entre septiembre de 2011 y octubre de 2012, el consumo de Metilfenidato en Brasil ha mostrado un aumento significativo de 1.853.930 de cajas vendidas, hay dos factores antagónicos, pero igualmente lógicos que el pediatra ciertamente no conoce. O si tiene conocimiento - a diferencia de la normalidad de los que saben de lo que hablan - ha preferido demostrar su inutilidad:

1º. A pesar del gran aumento en la venta de Metilfenidato, si consideramos los datos relativos a la prevalencia del TDAH en Brasil de alrededor de 17 millones de personas, incluso con todas estas 1.853.930 cajas, cerca de 30 mil pacientes solo estarían bajo tratamiento con Metilfenidato en el país.

2º. Sin embargo, es imposible saber si realmente hay un exceso en el consumo de Metilfenidato en el país, sin conocer primero la cantidad de medicamento que se utiliza para tratar los casos de Narcolepsia e Hipersonia idiopática, el porcentaje de personas diagnosticadas con TDAH que están siendo tratadas con Metilfenidato, adivinar (ya que no se puede saber) cuántas cajas se adquieren ilegalmente, tener acceso a la cantidad de Metilfenidato suministrada al Sistema Único de Salud (SUS) (que no se contabilizan en las encuestas) y solo entonces, hacer una correlación entre todos estos datos con la prevalencia del TDAH en el país.

3º. Todo ello sin tener en cuenta el hecho de que el entrevistado ignora por completo el factor agravante de que, a diferencia de otros países, en Brasil solo hay Metilfenidato como fármaco de primera elección disponible para el tratamiento del TDAH. Esto inevitablemente aumenta su consumo.

Mencionando vagamente, como lo hace a lo largo de todo el texto: "Se habla mucho de que, si el niño no es tratado, se convertirá en un adicto a las sustancias químicas o en un delincuente. No hay datos que digan eso. Entonces no hay pruebas de que funcione. Al contrario: no funciona". Bueno…. En cuanto al extracto en el que el *pseudo-especialista* menciona los riesgos de la falta de control, afirmando: "[...] si no hay un control más estricto sobre la droga, las generaciones futuras pueden sufrir considerablemente. Confieso que no sé si la reforma ortográfica ha cambiado tanto la conjugación del verbo 'tener', ni si ha sido conjugado por sí mismo, ni si ha sido transcrito por alguien igualmente estúpido.

Más adelante, aparte del uso de expresiones hipotéticas, cuando se afirma que el medicamento no funciona, además de contradecir los numerosos artículos científicos disponibles, generalmente en el mundo académico cuando afirmamos o discrepamos con algo, debemos presentar algún tipo de recurso técnico y/o científico (investigaciones, artículos, etc.) para apoyar lo que defendemos. A diferencia de los verdaderos expertos, ni siquiera utiliza *Wikipedia* como reclamo de su fuente de recopilación de datos para apoyar sus argumentos.

Al decir que "Ritalín es un Metilfenidato de la familia de las anfetaminas, y su objetivo es mejorar la concentración, reducir la fatiga y acumular más información en menos tiempo. Sucede que la droga puede traer dependencia química, porque tiene el mismo mecanismo de acción de la cocaína, y está clasificada por la *DEA* como narcótica", expresa el entrevistado exactamente lo contrario de lo que muchos estudios afirman: La eficacia del Metilfenidato ha demostrado su acción en la reducción de los síntomas de déficit de atención, en el mejor rendimiento de las actividades motoras, en la reducción de la hiperactividad, en el control de los impulsos y - hasta el extremo opuesto de lo que le dice al acusado - en el uso del Metilfenidato, los tipos de liberación prolongada, proporcionan incluso una inhibición del abuso de drogas.

Ya en "reducir la fatiga y acumular más información en menos tiempo", o bien sufre algún tipo de alienación mental, o bien carece de una capacidad razonable para comprender alguna realidad fuera de sus opiniones personales. Por ineptitud, ignorancia o incompetencia, el pediatra cita entidades con atribuciones que no son de su competencia. En Estados Unidos, la *Drug Enforcement Administration* (DEA) no es la institución responsable de clasificar las drogas. La misión de la DEA es hacer cumplir las leyes relativas a las sustancias controladas y supervisar a las organizaciones y/o individuos involucrados en la fabricación y/o distribución de estas sustancias. De hecho, la *Food and Drug Administration* (FDA), la agencia de vigilancia de la salud de los

Estados Unidos, es responsable de la clasificación de los medicamentos.

En cuanto a la analogía que trata de crear entre la cocaína, la anfetamina y el Metilfenidato, es importante señalar que en el Brasil solo se comercializan legalmente dos anfetaminas: la dextroanfetamina y la metanfetamina. Y aunque las tres sustancias tienen fórmulas químicas similares:

(A) Metilfenidato ($C_{14}H_{19}NO_2$)

(B) Anfetamina ($C_9H_{13}N$)

(C) Cocaína ($C_{17}H_{21}NO_4$)

Son totalmente diferentes de la farmacocinética (vía de administración, absorción, biotransformación, biodisponibilidad y excreción). También son distintos en cuanto a las principales sustancias químicas (neurotransmisores) que interactúan, cómo interactúan. Y, sobre todo, actúan en diferentes regiones del cerebro. Mientras que el Metilfenidato actúa en las capas externas del cerebro, conocidas como la región cortical (un lugar relacionado con las funciones de la memoria, la atención, la conciencia, el lenguaje, la percepción y el pensamiento), la cocaína y la anfetamina actúan en el *Núcleo Accumbens*, parte del "sistema de recompensa" (una de las principales áreas responsables de la predisposición a la dependencia química y física). La cocaína y la anfetamina son inhibidores de la monomanía oxidasa (IMAO) que promueven una mayor disponibilidad de noradrenalina y serotonina en la hendidura sináptica (espacio entre dos neuronas). El Metilfenidato, por otro lado, es un inhibidor de la rehabilitación de la dopamina (DRI); sin embargo, además de no activar el "sistema de recompensa", actúa más en la modulación de los niveles de dopamina que en la noradrenalina.

De una manera burda - propagada solo por el sentido común - de la que presumo derivar el inexistente conocimiento del pediatra, se puede decir que el Metilfenidato funciona por lo que se suele llamar un "efecto paradójico", es decir, es un psicoestimulante, pero que tiene un efecto opuesto. Incluso reproducidos por periodistas y/o profesionales no especializados, sin mencionar referencias, sin informar sobre artículos científicos ni presentar investigaciones que validen sus falsas afirmaciones, este tipo de materiales calumniosos - de alguna manera irresponsables y alienantes - transmiten a los lectores la falsa idea de que puede haber dudas sobre la existencia del TDAH.

Afirmar que el TDAH no existe, así como decir que las drogas utilizadas para su tratamiento son "peligrosas" más allá de la demostración explícita de ignorancia, puede configurarse como un delito, porque transmite información errónea sobre el tema de la salud pública. Reproducir noticias erróneas, al tiempo que se omiten cientos de datos científicos que documentan los beneficios, la eficacia y la seguridad de los fármacos utilizados en el tratamiento del **TDAH**, no solo dificulta y retrasa el acceso de la población al diagnóstico y al tratamiento, sino que también pone de manifiesto la mala fe, la falta de compromiso con los principios básicos del periodismo y expresa una de las formas más perversas de discriminación contra las personas que sufren de trastornos mentales y/o discapacidades: la psicofobia.

La Organización Mundial de la Salud (OMS) define la salud mental como un estado de bienestar en el que el individuo es capaz de ejercitar sus habilidades, manejar los acontecimientos estresantes normales de la vida, trabajar productivamente y contribuir a su comunidad. Un trastorno mental, por lo tanto, puede ser entendido como una condición médica que altera este estado causando daño al desempeño general del individuo. Según la Asociación Brasileña de Psiquiatría (ABP), se estima que más de 40 millones de personas en Brasil sufren de algún tipo de trastorno mental. Así, quienes padecen Trastornos Depresivos, Trastornos Obsesivo-Compulsivos (TOC), Trastornos por Déficit de Atención e Hiperactividad (**TDAH**), entre muchas otras enfermedades mentales, comienzan a sentirse cada vez más excluidos de este tipo de manifestaciones prejuiciosas difundidas por los medios de comunicación.

En cuanto a la existencia y veracidad del **TDAH**, cabe mencionar que, además de estar reconocido oficialmente por la Organización Mundial de la Salud (OMS), el **TDAH** también está validado por un Consenso Internacional: producción científica publicada tras extensos debates entre investigadores de diferentes culturas e instituciones, y que no necesariamente comparten las mismas ideas sobre todos los aspectos de un trastorno. Según la *Asociación Americana de Psiquiatría* (1994), el **TDAH** es uno de los trastornos mejor investigados en medicina, y los datos generales sobre su validez son mucho más convincentes que la mayoría de los trastornos mentales, e incluso que muchas afecciones médicas.

En la actualidad, el **TDAH** es el motivo más frecuente entre los niños y adolescentes remitidos para su atención en servicios especializados. Se estima que afecta al 2,5% de los adultos, alrededor del 3 al 7% de los niños en edad escolar (de 6 a 12 años) en todo el mundo, y en más del 68% de los casos el trastorno permanece de por vida. Según el Manual Diagnóstico y Estadístico de los Trastornos Mentales en su quinta edición (DSM-V), el **TDAH** es más común en los hombres que en las mujeres, en la proporción de 2:1 en los niños y 1.6:1 en los adultos. Las características relacionadas con la falta de atención tienen una mayor incidencia en las mujeres, mientras que los síntomas relacionados con la hiperactividad y la impulsividad se observan más en los hombres. En los niños con **TDAH**, más del 50% de los casos se presentan con la presencia de - al menos - algún otro trastorno comórbido, y aproximadamente el 10% de ellos desarrollan tres o más comorbilidades. Las investigaciones indican que entre los niños, los más frecuentes son:

- Trastorno de oposición desafiante - 40 %.
- Trastornos de Ansiedad
- Trastorno de Conducta - 14%
- Trastornos del aprendizaje (lectura, cálculo y/o escritura) - 10 a 25%.
- Trastorno de Tics: 11%.
- Trastornos de humor - 4%

Entre los adultos con **TDAH**, las comorbilidades afectan aproximadamente al 70% de los pacientes, de los cuales el 97% tiene hasta cuatro trastornos comórbidos. Los estudios indican que por cada cinco adultos que reciben tratamiento para algún otro trastorno, al menos uno de ellos tiene **TDAH**. Entre las comorbilidades más comunes observadas en adultos se encuentran:

- Depresión - 20 a 30%
- Trastorno de ansiedad - 20 a 30%

- Consumo de sustancias - 25 a 50%

- Fumar - 40%

- Trastorno de personalidad antisocial - 25%

- Trastorno del sueño - 75%

Además de provocar graves pérdidas de productividad y motivación en las actividades académicas y profesionales, así como una disminución de la capacidad de expresión de ideas y emociones, inestabilidad en los distintos tipos de relaciones, pérdida de memoria de rendimiento, aislamiento social, efectos negativos de la propia imagen, etc... El Trastorno por Déficit de Atención e Hiperactividad (TDAH) a menudo tiene un número de impactos en el curso de la vida de una persona:

1) Los adultos con **TDAH**, independientemente del nivel educativo, ganan salarios significativamente más bajos que los adultos sin el trastorno. El estudio mostró que la diferencia es de alrededor de 10 mil dólares anuales para los individuos con educación superior y 4 mil para los que solo tienen educación secundaria;

2) El 25% de los adultos con **TDAH** no terminan la escuela secundaria contra el 1% de los adultos sin **TDAH**;

3) Solo el 15% de los adultos con **TDAH** asiste a la universidad, frente a más del 50% de los adultos sin **TDAH**;

4) Los adultos con **TDAH** completan la universidad con menos frecuencia;

5) Los adultos con **TDAH** tienen menos probabilidades de obtener trabajos de tiempo completo que los adultos sin trastorno. Además es responsable del 17% de los 77 mil millones de dólares de pérdidas proyectadas en el estudio. Generando impacto económico en la sociedad;

6) Alrededor del 25% de los estudiantes con **TDAH** tienen problemas de aprendizaje en cualquiera de estos sectores: expresión oral, comprensión, interpretación de textos y matemáticas;

7) 30% de los niños y adolescentes con **TDAH** repiten por lo menos un año escolar, las repeticiones múltiples ocurren en 21%;

8) El 35% de los adolescentes con **TDAH** abandonan la escuela, el 45% son expulsados de la escuela y el 21% repiten el grado;

9) Se estima que el desarrollo emocional de los niños con **TDAH** es aproximadamente un 30% más lento que el de los niños sin el trastorno. Por ejemplo, un niño de 10 años con **TDAH** opera a una madurez de 7 años. Un joven conductor de 16 años con **TDAH** tiene un perfil de decisión de un niño de 11 años;

10) El 65% de los niños con **TDAH** tienen comportamientos desafiantes de autoridad como la hostilidad verbal y las rabietas;

11) Los niños con **TDAH** son con mayor frecuencia víctimas de traumatismos craneales o politraumatismos, intoxicaciones accidentales e ingreso en la UCI debido a estas complicaciones médicas;

12) Los niños con **TDAH** presentan un riesgo 3 veces mayor de accidentes domésticos, 2 veces mayor de traumatismos, suturas y hospitalizaciones y el 20% de ellos son responsables de incendios graves en sus comunidades;

13) Aumento del riesgo de embarazo antes de los 18 años y de las enfermedades de transmisión sexual en jóvenes con **TDAH**;

14) Los jóvenes con **TDAH** tienen un riesgo 4 veces mayor de causar accidentes, 7 veces mayor de sufrir múltiples accidentes y víctimas, y una incidencia de multas 4 veces mayor (por exceso de velocidad y por no respetar las señales de tráfico);

15) Los jóvenes con **TDAH** están en mayor riesgo de uso, abuso y dependencia de sustancias. En una encuesta, el uso del tabaco fue reportado por el 50% de los jóvenes con **TDAH** contra el 27% de los jóvenes sin el trastorno, el uso del alcohol 40% contra el 28% y el uso de la marihuana 17% contra el 5%;

16) La separación o divorcio ocurre 3 veces más entre padres de niños con **TDAH** que entre padres de niños sin el trastorno;

17) El 49% de los niños con **TDAH** tienen dificultades para relacionarse con otros niños frente al 18% de los controlados (niños sin **TDAH**);

18) El 72% de los niños con **TDAH** tienen conflictos con sus hermanos y otros parientes, en comparación con el 53% de los controlados;

19) El 48% de los niños con **TDAH** pueden adaptarse fácilmente a nuevas situaciones frente al 84% de los controlados;

20) 18% de los niños con **TDAH** reportan tener buenos amigos contra 36% de los controlados;

21) El 52% de los niños con **TDAH** necesitan la ayuda de sus padres con las tareas escolares, en comparación con el 28% de los controlados;

22) El 26% de los niños con **TDAH** necesitan ayuda de sus padres para prepararse para ir a la escuela, en comparación con el 16% de los controlados;

23) Estudios comparativos muestran que los adultos con **TDAH** presentan con más frecuencia: drogadicción (o tóxicodependencia), intento de suicidio, divorcio, desempleo, insatisfacción profesional y desajuste social.

# Celebridades Con TDAH

El **TDAH** es uno de los trastornos mentales con mayores recurrencias en el planeta. De pobre a rico, ateo a fanático religioso y personas famosas o anónimos: existen todos perfiles de portadores. Para romper algunos paradigmas sobre el trastorno (como el que se cree que puede impedir a alguien de ser exitoso y eficiente en lo que hace), abajo hay algunos famosos que poseen el **TDAH**. ¡Tal vez usted conozca algunos casos, pero con certeza otros serán muy sorprendentes!

**Bruce Jenner – Atleta Olímpico:** Luchó en el colegio contra los problemas de atención hasta que ganó una carrera en quinto de primaria. Ser el más rápido de la clase le dio la clave para centrarse y las herramientas para obtener el éxito.

**Jamie Oliver – Chef:** Fue diagnosticado de **TDAH** cuando era un niño. Es el gran defensor de comidas sanas en los colegios y la erradicación de la comida rápida en la dieta de los niños como manera de hacer frente a los trastornos de atención.

**Steve Jobs – Cofundador y presidente ejecutivo de Apple:** "Mis padres me entendían. Sintieron una gran responsabilidad cuando advirtieron que yo era especial. Encontraron la forma de seguir alimentándome y de llevarme a colegios mejores. Estaban dispuestos a adaptarse a mis necesidades". Dice de su profesora Teddy: "Ella se convirtió en uno de los santos de mi vida"

**Danny Glover – Actor:** Recuerda como fue crecer con TDAH: `Me hizo sentir como si estuviera en una condición indigna de aprender. Yo no podía ir más allá de sentirme disminuido. Sin embargo, una de las fortalezas fue descubrir mi capacidad para los números, me ayudó a centrarme en algo que yo podía hacer bien`.

**David Neeleman – Fundador de la compañía aérea JetBlue:** Su TDAH le impide estar concentrado en los detalles y completar tareas diarias. Atribuye su éxito a su TDAH: `Con el desorden llega la creatividad y la capacidad de pensar fuera de lo ordinario`.

**Adam Levine – Vocalista de Maroon 5:** Fue diagnosticado de TDAH cuando era un adolescente. `Mientras crecía pensé que mi TDAH se había ido. Eventualmente, me di cuenta que algo aún estaba ahí. Pude trabajar con mi doctor para controlar los síntomas`.

**Howie Mandel – Humorista y presentador:** Recuerda no ser capaz de concentrarse o quedarse quieto en clase cuando era niño. Fue diagnosticado de **TDAH** de adulto. Tiene fobia a los gérmenes.

**James Carville – Consultor político y comentarista:** Conocido por encabezar las campañas políticas de Bill Clinton y Tony Blair. Con frecuencia da charlas para organizaciones como el CHADD.

**Jennifer Lawrence – Actriz:** `Mi apodo era `nitro` como la nitroglicerina. Era hiperactiva, muy curiosa con todo`. `Cuando mi madre habla de mi infancia siempre dice que había una luz dentro de mí. Sin embargo, cuando fui a la escuela, la luz se apagó`.

**Jim Carrey – Actor:** Atribuye su carácter de `payaso loco` a su **TDAH**. Consiguió camuflar sus dificultades siendo el payaso de la clase, ya que le resultaba muy difícil ser él mismo.

**Justin Timberlake – Cantante:** Ganador de un Grammy. Padece **TDAH** mezclado con un TOC. Ambos trastornos no le han impedido componer éxito tras éxito.

**Michael Jordan – Jugador de la NBA:** `Puedo aceptar fallar, todo el mundo falla en algo, pero no puedo aceptar no intentarlo`, `No puedo dejar de moverme y no puedo estar sin hacer muchas cosas`. `Los doctores y los profesores le dijeron a mi madre que yo no podía hacer nada. Simplemente no podía concentrarme. ¡Se equivocaron!`.

**Michael Phelps – Nadador medallista olímpico:** Para él la natación es una manera de hacer frente a su TDAH. Con apoyo y alabanzas continuas consiguió el aliento que necesitaba para conseguir sus medallas de oro.

**Paul Orfalea – Fundador de Kinko´s:** Tiene TDAH y Dislexia, posibles causantes de su fracaso universitario. Dice que su TDAH le ayudó a fundar su empresa y también le ayuda a visualizar globalmente.

**Pete Rose – Jugador de Béisbol:** Perdió el interés en el colegio cuando los profesores le pusieron la etiqueta de `creador de problemas`. Su TDAH no diagnosticado alimentó su adicción a las apuestas. Describe su batalla con el TDAH en su libro `Mi prisión sin rejas`.

**Michelle Rodriguez – Protagonista de Lost:** Piensa que su TDAH puede afectar a sus oportunidades como guionista y directora.

**Sir Richard Branson – Fundador de Virgin:** Su TDAH no le ha impedido ser dueño de una gran compañía aérea. Es la prueba viviente de que gente con **TDAH** es un 300% más probable a crear su propia empresa. Puso en marcha su propia revista cuando solo contaba con 16 años.

**Solange Knowles – Cantante, hermana de Beyonce:** Cuando se enteró que tenía **TDAH** no creía que era un trastorno. Es una persona muy energética que dice: `La gente piensa que estoy `High` incluso cuando no he bebido nada`.

**Ryan Gosling – Actor, escritor y músico:** Su madre acabó educándolo en casa durante un año. No tenía amigos y era acosado en la escuela primaria. `Era incapaz de leer, fue muy frustrante. No podía absorber nada de información, así que causé problemas`.

**Terry Bradshaw – Exjugador de futbol americano:** Luchó desde su niñez contra el **TDAH**. Fue diagnosticado por depresión después de admitir que sufría ataques de ansiedad en los partidos. Habla con frecuencia contra los estigmas de los trastornos mentales.

**Ty Pennington – Presentador de Extreme Makeover:** Fue diagnosticado de **TDAH** cuando estaba en la universidad. La carpintería le ayuda a enfocarse. Ty dice que la parte más difícil de tener **TDAH** era la misma escuela y en todas las tareas relacionadas, como la lectura, por ejemplo. Leyó un libro, pero no podía recordar lo que acababa de leer.

**Uriel Adriano – Taekwondo:** De niño hiperactivo a Campeón del Mundo de Taekwondo. Su primer contacto con el Taekwondo fue por casualidad. Una respuesta a su hiperactividad. De niño sus padres decidieron inscribirlos en clases de Taekwondo. Tanta energía no era normal. `Me demostré a mí mismo que sí puedo. Mi filosofía es siempre pensar que puedes llegar hasta lo más alto, porque solo de esa manera se concretan los sueños`.

**Will Smith – Actor:** En su adolescencia era siempre `el niño divertido que tenía problemas de atención`. "Yo era un estudiante de notables cuando podía haber conseguido sobresalientes Clásico alumno de bajo rendimiento". "Era duro para mí leer un libro entero en dos semanas."

**Bill Gates – Cofundador de Microsoft:** Bill era niño que hacía un montón de preguntas, siempre perturbaba a toda la clase y tenía el hábito de leer por delante de su clase. Fue deficiente en los estudios y tuvo que abandonar la Universidad de Harvard. Bill tenía grandes sueños y siempre soñó con ir a lo grande con sus ideas en algún momento de su vida y lo demostró. Hablando de sus grandes sueños, dijo: "Realmente tuve un montón de sueños, cuando yo era niño, y creo que una gran cantidad de ellos surgieron del hecho de tener la oportunidad de leer un montón".

**Sylvester Stallone – Actor:** El actor admite que es algo así como un niño salvaje que fue expulsado de no menos de 14 escuelas, lo que, según él, se debe a su TDAH.

**"Magic" Johnson – Exjugador de la NBA:** Magic Johnson también es disléxico, un hecho que le dio un mal rato cuando estaba en la escuela. "Las miradas, las miradas, las risitas... Yo quería mostrar a todos que yo podría hacerlo mejor y también que podía leer".

**Tracey Gold – Actriz:** Fue diagnosticada después de haber sido una estudiante pobre durante la mayor parte de su vida académica, a pesar del intensivo tiempo que dedicaba a las tareas escolares. Mejoró con técnicas de estudio. Un profesor la acusó de tener a alguien que escribiera por ella. No creía que poseía el vocabulario escrito. A pesar de que verbalmente le definió todas las palabras señaladas en el documento, el profesor insistió: "... Yo sé que no eres capaz de hacer este trabajo."

**Usain Bolt – Atleta:** Declaraciones de su padre: Fue complicado educarle porque según el doctor era un niño hiperactivo. Siempre moviéndose y sin parar de saltar. Con el paso del tiempo se fue tranquilizando. Cuando le veías correr te dabas cuenta que tenía talento para ello.

**Christopher Knight – Actor:** ¿Recuerdas a Knight como uno de los hermanos en La tribu de los Brady? Él menciona en NCL.org que el personaje energético y peculiar de Peter que los espectadores estaban viendo era en realidad él mismo, Knight, luchando contra su **TDAH**. Durante el rodaje de la seria reconoce tener problemas para memorizar sus guiones. Solo después de su fracaso universitario, debido a sus dificultades en su lectura y escritura, Knight fue diagnosticado con el trastorno de **TDAH**. Christopher compara que tomar medicación para **TDAH** es como usar gafas para corregir la vista.

**Bubba Watson – Golfista:** "Bubba tiene un talento increíble para todo lo que intenta" dice su mujer Angie. "Yo sólo trato de ayudarlo a dirigir su energía de una manera productiva". Hay mucha inquietud de superar. En un día típico, dentro o fuera del tour, llena su tiempo libre entre jugar a los videojuegos, viendo sus partes favoritas de comedias o añadiendo zapatos deportivos a su colección. Es una vida en busca de la estimulación constante. Cuando le dijeron que parecía que podría tener Trastorno de Déficit de Atención (TDA), Watson dice con "Estoy seguro de que lo tengo". "Yo no lo veo como una molestia".

**Hank Kuehne – Golfista:** Es uno de los pocos jugadores del Pga Tour que ha hablado abiertamente sobre sus batallas con el TDA y dice que puede tener sus ventajas. El montón de estímulos que él se ve, no tienen por qué ser dañinos. "Mi TDA me ayuda a veces mucho" dijo hace unos años. "Puedo dar un golpe malo y rápidamente encontrar una solución. Con mi cerebro funcionando a miles de kilómetros por hora, las ideas llegan mucho más rápidas`.

**Karina Smirnoff – Bailarina:** La bailarina profesional de `Dancing with the Stars`, nacida en Ucrania, dijo en una entrevista con ET que el **TDAH** no era un trastorno bien conocido en su país nativo y que fue diagnosticada hace pocos años.

**Luis Rojas Marcos – Psiquiatra:** `Sí. Yo era un niño muy travieso. Con 6 y 7 años solía correr por los tejados de las casas. Los vecinos llamaban a mi madre y le decían: « ¡Mira quién está por ahí!». Era un niño diferente y esa diferencia estaba en la cantidad de energía que tenía y en la incapacidad para controlarla y, claro, a esa edad lo llevas de un modo que tu entorno no acepta. Además a eso hay que sumarle la impetuosidad, lo que provocaba que interrumpiera constantemente a los demás. Era inagotable. Yo antes de que el profesor hiciera una pregunta ya tenía la mano levantada. Y también estaba esa distracción continua que no te dejaba concentrarte y te hacía moverte de un lado a otro, hablar... Pero antes de conocerse el trastorno eso era ser un niño malo. `

**Dani Martín – Cantante:** `Ser hiperactivo no es ser malo y que saber canalizar la energía hacia algún lado que nos guste podemos pasárnoslo muy bien, como me ha pasado a mí`.

**Fernando Verdasco – Tenista:** Para estudiar lo pasaba fatal porque no podía estar sentado sin hacer mil cosas a la vez. La cabeza me iba más rápido de lo que podía dar abasto. Me costaba mucho aprobar porque me costaba mucho concentrarme. Siempre he sacado los cursos pelados, pero nunca repetía. Cuando era más joven, gran parte de mis altibajos en los partidos tenían que ver con la concentración. Podía estar en la pista y estar pensando en cualquier otra cosa y eso, lógicamente, no te permite ser regular. Pero con la experiencia he aprendido a estar concentrado durante todo el partido, a controlar la cabeza. Si eres hiperactivo, te cuesta más que a otros, pero puedes hacerlo. La experiencia y las ganas son determinantes.

**Pablo Motos – Presentador de TV:** `Lo que a mí me centró fue que me compraron una guitarra. Hice un cambio increíble en mi vida, pasando de ser un delincuente a un tío que daba clases de guitarra y que actuaba de Disc Jockey en la discoteca de Requena`.

**Gervasio Deferr – Gimnasta, tres veces medallista olímpico:** De niño se desfogaba dando saltos. Le llevaron a un gimnasio en el que halló cobijo a una hiperactividad aderezada de inconformismo. `He tenido que aprender a ser disciplinado`.

**Miguel Ángel Silvestre – Actor:** Dice que su punto débil es ser hiperactivo, pero sueña con hablar de cosas que cambien el mundo.

**Xavier Uribe Echevarría – Fundador de Anboto:** Xavier es un joven emprendedor vasco, fundador de una empresa líder mundial en tecnología y que ya forma parte del consorcio de empresas de la Word Way Web, quienes generan los estándares de internet. El reconoce que su éxito lo ha alcanzado más fácilmente por su condición de hiperactivo.

**Pero al final, ¿qué tienen todos estos famosos en común?** Todos ellos han padecido **TDAH** pero han sabido canalizar su trastorno a través de sus características más positivas: la creatividad, la energía para emprender nuevos proyectos y el deporte. A todos ellos el trastorno no les ha privado de poder destacar ni de realizar una vida normal. El ingenio y el **TDAH** han ido con ellos de la mano.

# Testimonios De Personas Con TDAH

### Yo Soy Así

Sabía que era diferente, desde que era niña. Yo nací así. ¿Era solo yo? Me preguntaría y preguntaba y no conseguía una respuesta. Siempre me he sentido como una extraña en mi nido, un ser de otro lugar. No lo sabía, simplemente no lo sabía. Siempre he sentido todo al extremo. Amor, pena, amistad y todos los sentimientos unidos en uno solo. Tristeza y alegría, sonrisa y llanto, curiosidad e indiferencia. De hecho, la curiosidad es lo que me mueve. Es una curiosidad que va desde lo más simple y bello hasta lo más desconocido. Es una sed de conocimiento constante, aunque no sea para un propósito obvio. Es saber por saber, por entender, para responder a los muchos "por qué" de la vida.

Tengo dudas sobre todo. Pasado, presente y futuro. Investigo, investigo e investigo y nunca me conformo con lo que la gente dice para callarme. Es algo así como amar inexplicablemente lo desconocido. Es estar a la altura de la elección correcta y abandonarlo todo en busca de lo nuevo. Es sentirme sola en medio de una multitud y sentirme inmersa en un contexto, ser parte del mundo, incluso estando aislada en una habitación. Es pelear con mi hermano y parar todo porque recordé que le compré una medalla en una iglesia el mismo día, para traerle suerte en la búsqueda de un nuevo trabajo. Se la entregué, le expliqué cómo usarla y luego nuevamente peleé con él, pero paré todo de nuevo porque ya no podía recordar la razón de la pelea.

¡Es amar la vida! Querer vivir intensamente cada momento, y odiar la forma en que vive la gente, porque en el fondo, en el fondo, me siento muy diferente de los demás. Es comprar un regalo para alguien sin ninguna razón solo porque estoy feliz, pero sin saber la razón de tanta felicidad. Y cuando trato de recordar por qué, caigo en una profunda tristeza porque me doy cuenta de que todo es temporal.

Odio las reglas y los reglamentos, pero trato de seguirlos porque tengo respeto por el siguiente. Hablo con alguien que no he visto nunca en mi vida, pero a veces dejo hablando solo a un amigo porque recordé algo a través de una palabra que dijo. Y me voy corriendo porque tuve un montón de ideas milagrosas al respecto, realmente magníficas. Con varios pensamientos a una velocidad tan grande y tan loca que, cuando me detengo a escribir y organizarlas, se fueron. Lo olvido porque, en realidad, las secuencias de pensamiento son tan intensas que me pierdo en el tiempo. Pierdo la noción del tiempo y el espacio.

No puedo descansar mientras duermo y, por eso, estoy cansada todo el día siguiente, pero cuando vuelvo a dormir por la noche, tengo un pico total. Es tanta energía que no sé de dónde viene y luego invento muchas cosas para hacer y distraerme. Me despierto queriendo una cosa, a lo largo del día quiero otras 50 y, cuando me acuesto, lo dejo todo de lado porque ya tengo una pasión por una nueva idea. Y hago todo lo que puedo para que funcione, pero luego veo que no funcionó porque ya desistí.

Lloro por los problemas del mundo sin haber resuelto los míos. Y me río en medio de una reunión seria y pronto me arrepiento de las consecuencias. Es como si fuera un niño a pesar de las responsabilidades y misiones que hay que cumplir. Me enfoco en un nuevo asunto como si fuera la salvación del mundo y termino dejando de lado las cosas que me salvarían el día. Trato de explicar lo inexplicable y siempre pienso que nunca habrá una solución, y cuando eso sucede, es como caminar en medio de la noche en la playa, sin destino y dirección correcta. Es todo muy amplio, los pensamientos son amplios.

En realidad, nadie alrededor puede entenderme y ni siquiera sé cómo explicarlo. No puedo hacerlo. Pierdo amigos por no ser entendido, pero los entiendo a todos porque me siento diferente y no sé por qué. Pero ahora al menos sé por qué. Todo es muy confuso y me encanta ser así porque si Dios me hizo con esta pequeña marca en mi cerebro es porque tengo una misión muy diferente que cumplir y aún no sé cuál sea.

---

*Por Flávia Mendes Gomes*

## Libros En La Estantería

Mi habitación es un nido de ratas. De repente, me levanto de la cama en un salto y pongo todo en su lugar. Así es mi corazón, también. Trato de poner los libros en los estantes: uno para la familia: hija, marido, padres, hermanos. Otro, los amigos: los que se han ido, los que están siempre cerca, los que nunca han estado, pero a los que quiero tanto como a los demás. Otro, los conocidos: personas que van y vienen de vez en cuando, pero que no han dejado huella. Otro, los enemigos: ¿cuáles? Tengo muchos de ellos. Pero nunca sé quiénes son. Para mí, todo el mundo es bueno, solo cometen errores a veces.

Luego, después de tres días, están todos juntos en el mismo estante, las etiquetas se pierden, no sé quién es quién, quién es de dónde. ¡Espera un minuto! Esto parece mi oficina... ¡Jaja! Mi vida es así: todo tiene su lugar, pero cambian constantemente. Y luego ya no sé de dónde eran, así que la gente se confunde. Los amigos se convierten en familia. Los enemigos se hacen amigos y así va.

Es confuso, pero hasta es bueno. Con los recuerdos, también es así. Oigo una historia, recuerdo otra, leo una palabra, recuerdo una fiesta, siento un olor, recuerdo a alguien, oigo una canción, recuerdo un día... Ningún día es igual, porque cuando él nace igual que ayer, yo ya soy diferente. ¿Humor? Tengo muchas cosas. De mal humor, también... (Risas). Me cautiva mi manera de hablar. Pero me canso cuando hablo de más.

Mis historias son siempre las más divertidas, ilustradas con gestos, sonidos, mímicas, etc. Al menos, hago lo mejor que puedo. Cuando leo un libro, entro en la historia: si está lloviendo en la historia, cuando cierro el libro, corro a cerrar las ventanas, como si estuviera lloviendo aquí también. Por otro lado, si el libro es malo, me salto las páginas y voy directo al final.

¿Películas? Son un problema: odio verlas sola, pero nadie quiere verlas conmigo. Después de todo, mi apodo resultó ser "crítico", porque cada escena merece un comentario. Todo lo que hago tiene que ser lo mejor. Ser bueno no es suficiente para mí. Y si lo que estoy haciendo no es lo suficiente para ser el mejor, me voy a medio camino y no lo termino.

Me encantan los reconocimientos y los cumplidos, pero también me encanta hacerlos. Cuando me critican o me reprenden, siempre doy una explicación. Mis peleas siempre son pasajeras. Después de todo, termino olvidando por qué peleé. Miro a la gente y sé lo que piensan. Especialmente en lo que a mí respecta. Tengo lapsus de imaginación. Miro una cosa y la relaciono con otra, que no tiene nada que ver con ello. Todo tiene que ser qué y por qué. Me preocupo por lo que los demás piensan de mí, así que hago todo lo que puedo de la mejor manera posible.

Hago cinco cosas al mismo tiempo, ahora, cuando me emociono en una de ellas, dejo ir a todas las demás sin remordimientos. Nunca olvido a Dios, evito pedir, pero siempre hago una maña. Soy extremadamente emocional. Lloro solo por ver a alguien cantando bien en el Raúl Gil, ¿sabes? Cuando hablo de la gente que me gusta, nunca tienen defectos, solo cualidades.

Me despierto en medio de la noche para recordar que olvidé el cumpleaños de mi tío Kiko que fue hace tres días. ¡Ah! Pero también lo recordé tres amaneceres antes de ese día. Me encanta ser filosófica, paradójica. Observo graffitis en las paredes de las ciudades y trato de imaginarme lo que ocurría en la mente de la persona que lo dibujó. ¿Qué trató de decir? ¿Estoy loca o simplemente una desorganizada de mis ideas? Supongo que no olvidé nada, ¿eh? Así que, la conclusión la deben sacar ustedes.

---

*Thatiana Nunes 26 años, publicista, casada y madre de una hija, Giovana de 2 años, residente de São Paulo - capital, TDAH diagnosticada clínicamente, hasta hoy nunca utilizó Ritalín, (17/11/05).*

## Liberación del TDAH
## Un grito de reconocimiento

¿Saben de esa niña que todo el mundo imaginaba que era una especie de "loca", que hacía todo a la vez, con pulgas en los pantalones, resortes en los pies y una batería integrada y recargable "Rayovac"? ¡Sí, era yo! Incluso creo que el personaje "El Niño Loquito" tenía que ser yo, "Gisele - La Niña Loquita". Cuando era niña, solo andaba con los chicos porque siempre encontré los juegos de las chicas tontos y aburridos. Y por eso siempre me etiquetaron con cosas como: "Marimacha" y "María José", pero nunca le presté mucha atención a esas cosas porque yo, incluso de niña, sabía que no era eso y lo tomé como una broma o me hacía de rogar.

Siempre he odiado las reglas y no soy muy seguidora de cumplirlas, especialmente de aquellas con los que no estoy de acuerdo o no entiendo el motivo. Durante las clases siempre hablaba o hacía algo - tachuelas, chicles, bolas de papel, atar los cordones de los demás y otras galimatías para los compañeros de clase o los profesores. Pero solo obtuve buenas notas, y a pesar de eso, los peores maestros (a quienes todos los estudiantes odiaban porque eran exigentes) me querían. La directora ni hablar... Yo vivía en la dirección y me encantaba porque lo disfrutaba y hablaba con la directora toda la tarde.

Curiosa en extremo, siempre quise saber la razón de las cosas, cómo funcionaban, y tengo gusto personal en cosas diferentes e inusuales. Podía pasar horas haciendo algo, casi en otro planeta - generalmente haciendo cosas que otras personas encontraban difíciles - y para otras cosas me distraía por el ruido de cualquier alfiler cayendo al suelo. Me he visto en muchos problemas o en situaciones embarazosas por eso.

Casi siempre tuve la solución a un problema que nadie podía resolver y quise ponerlo en práctica de inmediato, lo que siempre me puso a cargo del grupo y del aula, aunque era "rebelde". Pero a veces me interpongo en el camino de las cosas sencillas, mi antiguo jefe dice: "Se traga al elefante, pero se atraganta con el mosquito...". Mi cabeza es como un torbellino de ideas... Solo tenía un pequeño problema: se me olvidaban cosas como fechas importantes, compromisos. Prefiero mil pruebas a un trabajo escrito, porque siempre me olvido de hacerlo.

Para una niña "traviesa" este escenario es incluso común, el punto es que no hay manera de describir toda la vida de una persona en un texto breve y los detalles de estas y otras situaciones que solo las personas que tienen **TDAH** pueden conocer. Con todo este expediente de la infancia, me quedé con algunos estigmas: "Ella no será nada en la vida si sigue así...", "Oveja negra de la familia", "¡Ihhh! ésta no sé, ve..." e incluso de mi sexualidad dudaban porque me gustaban las cosas que le gustaban a los chicos por ser más activos.

A pesar de ser ya adulta, todavía tengo muchas de estas características con "Raiovak", que traigo desde mi infancia. He llevado mi vida hasta hoy tratando constantemente con divertidas "etiquetas" y apodos. Ya estoy acostumbrada a ellos y sé cómo manejarlos bien porque soy una persona con sentido del humor y me meto en el juego. Siempre me he sentido un poco o mucho: loca, inteligente, olvidadiza, diferente, inusual y divertida. Casi todos los que conozco piensan que soy divertida y una buena amiga por lo que soy y me aceptan de esa manera, pero la mayoría de las veces no pueden entenderme. Lo entiendo, ya que a veces ni siquiera puedo entenderme a mí misma.

Me enteré del **TDAH** por accidente. Vi que lo tenía un "amigo virtual" y, por curiosidad, investigué de qué se trataba. Leí un artículo de un sitio web médico: "Trastorno por Déficit de Atención (TDA)", tomado del libro: Transforma tu cerebro, transforma tu vida. Daniel G. Amen. Y mientras leía, vi prácticamente cómo se describía mi vida en cada línea de ese texto. Aunque largo, leí en unos minutos (hiperfoco) y cuando terminé mis manos temblaban y mi cabeza estaba a mil por hora. Necesitaba asegurarme de que tenía **TDAH** para no sacar conclusiones precipitadas.

Investigué más al respecto, MARCUS fue un gran amigo en este proceso, porque me quitó muchas dudas y me indicó un profesional muy ético - el Dr. Paulo, a quien también le debo mucho, quien, después de una consulta, me diagnosticó como un tipo funcional de **TDAH**, ya que puedo trabajar, estudiar y vivir con las situaciones de la vida, y por lo tanto no necesito tomar Ritalín y/u otros medicamentos.

Es difícil para una persona pasar toda su vida siendo diferente. Sobre todo, considerar cómo trata la humanidad a quién o qué es diferente, y a la edad de 23 años descubrir una parte de lo que la hace tan diferente es chocante, pero al mismo tiempo liberador. Creo que ese era el sentimiento que tenía e imagino que podría haber vivido hasta mis últimos días en la tierra sin haber sabido nunca que tenía TDAH y que otros pueden estar en peores conflictos que los míos, ya que tuve mucha suerte de saber cómo lidiar con las cosas malas del TDAH y disfrutar de las cosas buenas.

Le dije a mi familia, que no mostró mucha sorpresa, ya que nunca fui muy normal. Y muchos de mis amigos no creen o no toman en serio lo que digo sobre el TDAH y de que lo tenga. Cuando MARCUS me dijo que estaba escribiendo este libro sobre el TDAH me sentí muy feliz, porque al ser un libro de alguien que tiene TDAH, será una "visión" igual o al menos similar a la persona que también pasa por estas situaciones.

Continúo investigando e intercambiando mis experiencias con otras personas que tienen TDAH. Con nuestras situaciones divertidas, difíciles e inusuales, pero sobre todo: con la certeza de que nuestra vida nunca será sencilla, porque hemos venido a dar y ver un color especial a todo porque, de hecho, la vida de una persona que tiene **TDAH** está lejos de ser normal, ordinaria y común. Y es con estos intercambios de experiencias que somos capaces de entendernos mejor entre nosotros y con los demás para que también podamos vivir mejor.

---

*Gisele Reis,* 24 años, *Administradora de Tecnología de la Información (TI). Además de ser diseñadora, coordinadora de proyectos tecnológicos, bailarína, asesora, asistente comercial y otras cosas más... Como casi todos los buenos* **TDAH** *que tienen varias afinidades y habilidades.*

## El Yo TDAH

Siempre me pregunté si todos los demás vivían con "mil pensamientos"; si no dejaban de pensar en ningún momento; si hacían asociaciones en cualquier momento con algo; si tenían cambios de humor y emociones todo el tiempo; si siempre vivían "en la luna". Comencé a entender mis preguntas a la edad de 18 años, cuando supe cómo ser un **TDAH** y vi que la forma en que actuaba y vivía era "normal" para un **TDAH**.

La cascada de emociones que sientes es maravillosa; el cambio drástico y rápido de humor; la incontable cantidad de pensamientos e ideas que pasan a través de tu mente a la velocidad de la luz; la inexplicable creatividad que "aparece de la nada" y se apodera de tu ser; el amor apasionado y loco.

Es horrible tener miedo de no trabajar; ser inseguro; ser consciente de que se te ha olvidado algo, pero no saber qué; sentirte como un impresentable, un inútil, un excluido que no encaja en la sociedad con sus rígidas reglas; sospechar que tus amigos no te consideran tanto como tú a ellos.

Amar de modo tan intenso que quieres decirle a tu ser querido lo que sientes por él o ella en todo momento; siempre comprar algo que te recuerde a él o ella, algún momento vivido, algún comentario que hayas escuchado, o simplemente alguna asociación "loca" que solo tú mismo entiendas; piensa que has encontrado a la persona adecuada para ti, aquella con la que quedarse hasta el final.

Amar de una manera tan sencilla y banal que te olvidas de aquella cena programada hace unos días; que halagas a tu amado de una manera tan fría que da la impresión de que ya no lo amas; que no prestas atención a los momentos en los que tu pareja necesita hablar.

La impulsividad de querer hacer algo para el día de ayer; sin tomarse un descanso para medir la importancia real del hecho.

Pero cuántas y cuántas veces en medio de esa "urgencia" recordamos otra cosa que es muy importante, mucho más urgente que la que estamos haciendo, pero en el largo camino que conduce al lugar donde se hará la última tarea, la mente incansable nos vuelve hacia otra puerta para hacer otra cosa.

Acuéstese en la cama y a menudo trate de buscar un botón de "espera", un botón para apagar la mente, dejar de pensar y dejar que el sueño se haga cargo. La agonía, porque en el ajetreo del día a día cuando se tiene un poco de tiempo a la hora del almuerzo para relajarse, la mente no sigue al cuerpo, no se detiene. Y cuando te duermes, el despertador se apaga.

Para mí, los "viajes mentales" son las características que más cambian mi forma de ser y de actuar. Por ejemplo, cuando ves un bolígrafo rojo, recuerdas a una persona, el perfume que llevaba puesto, las conversaciones completas que tuvimos en su casa, en el cómodo sofá de su sala de estar. Y del sofá viene un recuerdo del paseo con las tiendas del centro comercial, la búsqueda de nuevos muebles para el hogar. Y el centro comercial recuerda esa película que viste después de que te equivocaste en una audición. Y desde entonces, hasta que llega el momento en que uno se da cuenta del largo tiempo que se perdió en los sueños. También puede ser peligroso, ya que a menudo se concentra en un objeto en particular en el tráfico y por unos momentos pierde la atención en los coches.

Ser **TDAH** es vivir en el extremo. O todo o nada. No dejes de usar la mente hasta el punto de generar su agotamiento, en el que lo único que se necesita es descansar.

No puedo imaginar mi vida de otra manera. Es cierto que de muchas maneras tenemos que seguir controlándonos para no cometer errores. Estoy contento de ser **TDAH** y no creo que sea divertido si dejara de ser **TDAH**.

---

*Filipe Ramo Barra*

## Mi nombre es Flavia, mi hijo de 9 años, Felipe, tiene TDAH

Cuando tenía dos años o menos, Felipe hacía trucos que parecían divertidos y a la vez extraños para su edad. Estaba alegre, tenía y sigue teniendo una sonrisa "alegre". A los cuatro años fue a la escuela y en menos de dos meses tuve que sacarlo porque siempre estaba herido y nadie podía explicarme por qué. Lo puse en otra escuela. Pasé dos años pensando que era malo, incapaz de tratar con niños más "activos", hasta que lo volví a sacar. Luego fuimos a la tercera escuela, donde permaneció otros dos años. En este punto, me sentía obligada por ir a la escuela por lo menos dos veces a la semana para hablar con los maestros y directores sobre su comportamiento. Distraído, agresivo, vagabundo, lo que me desesperaba porque ese no era mi hijo. Mi Felipe era y es un niño feliz, bueno con la vida, radiante e irresistiblemente encantador.

Evitaba salir del coche en la señal de entrada de la escuela, porque tendría que escuchar los susurros y ver las miradas dirigidas a mi hijo, agresivamente, de parte de los padres de los niños. Otra escuela que no sabía cómo lidiar con el problema. Lo curioso de esta escuela es que recibió más de quince advertencias y pensó que era divertido, llegaba a casa feliz, loco por mostrarla, porque, incluso delante de todo lo que pasaba, el humor y la alegría eran siempre constantes.

En la siguiente escuela, conté todos los problemas de mi hijo, abrí mi corazón a la psicóloga de la institución, que demostró ser muy receptiva (hasta entonces, ni imaginaba que tuviera TDAH), que ningún niño era discriminado. Al principio me sentí bien, pero con el paso del tiempo, vi a mi hijo abatiéndose, a veces cayendo en lágrimas, con el autoestima bajo. Empecé a ver más y descubrí que la escuela hacía horrores. En lugar de ayudarlo, lo sacaban del aula (aún tenía ocho años en segundo grado) y lo llevaban al jardín de infantes, donde su primo de cuatro años estudiaba y le decían que si se comportaba como un bebé, ahí se quedaría. La humillación fue tan grande que tuve a mi hijo sin espíritu durante unos días, solo tristeza. La directora y dueña de la escuela dijo que no le caía bien a nadie. De todos modos, había tantas cosas que lo vi debilitándose, sufriendo, sin amigos. Esa agradable alegría, tan ligera, estaba desapareciendo.... No necesito decir que, una vez más, a mediados de año, lo saqué de la escuela y, por supuesto, estaba emprendiendo acciones legales contra la misma.

Finalmente, después de esta situación, encontré una escuela donde, una vez más, todavía tenía miedo, abrí mi corazón. Entonces encontré una escuela que lo acogió, cuando oí por primera vez que mi hijo podría ser un **TDAH**. Busqué ayuda, estudié el tema y hasta hoy busco noticias e información.

Diagnosticado, hoy tiene una vida tranquila. No veo el **TDAH** como un problema, lo veo como una luz, un regalo, algo que siendo descubierto al principio, siendo bien tratado y acompañado, proporciona mucha paz para el **TDAH** y la familia. La comprensión me hizo calmarme y descubrir el tamaño del tesoro que tengo. Todavía es difícil a veces, pero verlo en silencio es algo que me da fuerza y me ayuda a tener la calma y la paciencia necesarias para entender y adaptarme a esta vida "desordenada". Creo que el TDAH lleva una vida más tranquila, siendo:

- Rodeado de amor, no mimado;
- Rodeado de cuidados, sin exagerar;
- Escuchado, siempre;
- Entendido a diario;

Atendido, útil, sin dejar de pensar que con su imprudente manera, las cosas se caerán, se romperán, se estropearán... El TDAH es una persona normal como todas las demás, pero con una LUZ que lo hace especial, ¡solo una sonrisa es suficiente para ver!

---

*Por Flavia Maria Saldanha*

## Aprendí más de mis hijos de lo que enseñé.

Cuando tenía 27 años, tuve mi primera hija. Una muñequita rosada, tranquila, dulce, sutil llamada Camila. La maternidad era abrumadora, un torbellino de amor profundo, inexplicablemente mayor que cualquier cosa que el ser humano pueda soñar con sentir algo, fue tan maravilloso que pronto quise tener otro hijo.

Gabriel llegó solo 9 años después de mucho esperar y pedirle a Dios que quedara embarazada de nuevo. No puedo expresar con palabras la explosión de felicidad que se había apoderado de mí, de mi marido y de mi hija, que siempre me había pedido un(a) hermano(a). Pero la vida me movió algunas cosas... Camila siempre fue silenciosa, organizada, metódica, introspectiva, tímida y recatada, que sospeché que algo andaba mal. Una madre lo sabe. Y no me equivoqué. Pronto llegó el diagnóstico del Síndrome de Asperger (para la gente común, el tipo más leve entre los Trastornos del Espectro Autista - TEA).

Nada en este mundo me preparó para el día a día y me dejó tan perpleja como la creación de un huracán llamado Gabriel. Antes éramos una familia tranquila, silenciosa y serena. Pronto las cosas serían completamente diferentes y opuestas... Me di cuenta de que estaba en problemas cuando una tarde puse a dormir a Gabriel. Solo estábamos él y yo en casa. Mi hija en la escuela y mi marido en el trabajo. Solo tenía nueve meses y medio. Me senté en la sala de estar y vi la televisión.

De repente, mirando al suelo, allí estaba él, gateando, medio gateando a mis pies. ¡Grité de miedo! Mi primer pensamiento fue que había alguien más en la casa que lo había sacado de la cuna. Corrí a su habitación y me sorprendió lo que vi. Había colocado cerca de la rejilla de la cuna, la almohada, encima del payaso, encima de un osito de peluche y encima de él un protector de cuna. Hizo una escalera, subió y se tiró de allí. Cayó al suelo (no oí nada) y no lloró. Y salió de la habitación hasta encontrarme. Fue la primera vez que tuve la sensación de que me esperaban grandes sorpresas. Y otra vez tenía razón.

Caminaba a los 11 meses. Lo movía todo, lo rompía todo, subía, bajaba, saltaba, corría, gritaba, se rompía, se levantaba del suelo y seguía corriendo. Se rompió los huesos, los dientes, se arrancaba las uñas, siempre le ponían puntos de sutura. Vivía en la sala de emergencias. Siempre tenía tantos moretones que corría y se hacía daño. Me quedé atrás, atenta, tratando de protegerlo, pero él era más ágil, más rápido, más desobediente y no podía oírme. Se me ocurrió la idea de ponerlo en una escuela (guardería), porque tenía 2 años y creí que allí quemaría su energía y tendría amiguitos.

De vez en cuando venía por sorpresa y veía su clase sentada en la fila, escuchando las instrucciones, las historias de la maestra... Pero, uh... ¿Dónde está Gabriel que nunca estaba allí como los otros? Pronto lo vi corriendo por el patio, con la monitora desesperada detrás de él, volando de un lugar a otro. No tardó mucho y fue "invitado" a retirarse. No estaban preparados para ese tipo de energía. Decidí ponerlo a nadar. El profesor se disculpó y confesó no poder lograrlo... Entonces fuimos al fútbol. Prestó atención a las hormigas, a las mariposas, a las nubes del cielo, excepto a la pelota y nadie lo quería en su equipo, porque no tenía ni idea de lo que estaba haciendo allí, ya que durante las explicaciones del entrenador estaba disperso, corriendo por el césped. Para alivio de todos, decidí sacarlo de allí. Entonces, probamos el *Taekwondo*. Disciplina, reglas, un maestro estricto y determinado... Pidió clemencia dos meses después.

Gabriel removía demasiado en la clase, rebasaba los límites, no podía esperar y hablaba todo el tiempo. Bueno... Todavía nos quedaba el tenis. Las pelotas volaban sobre las cabezas de todos. La raqueta también tenía alas y se fue volando. Una vez más, rebasaba los límites, reía demasiado, hablaba demasiado, corría demasiado rápido y jugaba muy poco al tenis... ¿Qué tal el inglés? La escuela era la más comentada en São Paulo, hecha solo para niños. El precio de salar cualquier bolsillo, pero quería intentarlo todo para ocuparlo, insertarlo socialmente.

Gabriel siempre ha estado fascinado por los videojuegos, los teléfonos celulares y las computadoras. Un día un compañero del inglés decidió llevar su juego electrónico y desafortunadamente no permitió que mi hijo tocara su juguete. La frustración no es algo que pueda manejar bien... A los 5 minutos ya estaba de vuelta en la escuela, viendo de lejos los ojos odiosos de los padres del niño que tenía las gafas rotas en la nariz, con una patada que según Gabriel, aprendió en un dibujo... Una vez más, fue "invitado" a retirarse... Ya tenía ocho años.

Salté de doctor en doctor. De terapia en terapia. Todos dijeron lo mismo: **TDAH** con impulsividad agravante y TOD, Trastorno de Oposición Desafiante. Conduje mi auto con una zapatilla de tenis que Gabriel me tiró en la cabeza. Tragaba mi almuerzo para no quitarle los ojos de encima ni un minuto. Hacía cualquier cosa corriendo y angustiada por volver con él y verlo, temiendo que se lastimara. Iba al baño con la puerta abierta. Solía bañarme durante pocos minutos. Dormía con un ojo abierto y otro cerrado. Estaba supervisando las cosas puntiagudas y cortantes de la casa. Sellaba las ventanas con barrotes. Quitaba las alfombras del suelo para que no se tropezara con ellas. Le sostenía la mano muy fuerte cuando caminábamos por la calle de donde siempre quiso soltarse y huir. Ir al supermercado con Gabriel era para estresarse. Abría los brazos y pasaba por las estanterías derribando todo lo que se le acercaba. Lo que ponía en el carro lo recogía y lo tiraba. Ir al cine era una pérdida de tiempo. No se quedaba sentado y hablaba en voz alta todo el tiempo.

En los restaurantes, corría y varias veces derribaba las bandejas de los camareros con cabezazos. Tomaba las patatas fritas y las lanzaba a la gente sentada a nuestro alrededor. Salir con él era una tortura. Trataba de castigarlo, de hablarle, de ignorarlo, de molestarme, de prometer recompensas si su comportamiento era adecuado, pero nada... No era cumplido, ni siquiera me oía. La ÚNICA cosa que lo concentraba era el Metilfenidato que estaba tomando, lo cual fue una bendición en nuestras vidas.

Una vez me dijo que con la medicación podía oír lo que la gente tenía que decir, porque no se detenía ni un segundo a prestar atención a nada... Pasó siete años en el colegio y fueron siete años difíciles. La coordinación, las profesoras, la dirección, los empleados eran excelentes. Tenían tacto, preparación, paciencia y mucha habilidad con mi hijo, pero no fue así con sus compañeros y sus familias. Siempre me señalaron. Juzgada. Condenada. Era mi culpa que no supiera cómo criar a ese niño. En el momento del receso, hubo un momento en que mi hijo tuvo un guardia de seguridad que lo acompañaba y vigilaba, en ese corto período de tiempo. Si contara las lágrimas que derramé, las noches que desvelé, los momentos de desesperación, de frustración, las peleas con Dios, con el mundo, las personas que eliminé de mi vida porque no podían soportar o entender a Gabriel, el infinito sería demasiado pequeño para medirlo.

Nada me había preparado para un hijo tan hiperactivo, tan lleno de energía, tan eléctrico. Decidí ponerlo en judo. Tiempo y dinero perdido de nuevo. Nadie podía soportarlo. Aunque a menudo perdí la paciencia (soy humana), defendí a mi hijo con uñas y dientes porque sabía lo que era el **TDAH** y tenía la percepción real de que él no tenía la culpa de ser y actuar de esa manera. Es un desorden neurobiológico. Es más fuerte que él, pero mucho más pequeño que mi amor incansable, ilimitado, inconmensurable e incondicional por él.

La voluntad de ayudarlo me convirtió en otra persona. Fui a estudiar, a investigar, a devorar libros. Participé en miles de congresos, conferencias, seminarios, reuniones, discusiones, foros que debatían sobre el **TDAH**. Todavía estaba medicado, con un psiquiatra, con terapia, pero todavía era un niño atípico. Llegó provocando a los locales; en la escuela solo sabía cómo escapar del aula, estaba demasiado inquieto para sentarse durante horas…

A los 13 años, cansado de intentar tanto tener amigos (por ser como era, acababa espantando a estos "amigos"), un día lo descubrí llorando. Me abrazó y me dijo que estaba tirando la toalla. Que nadie lo entendía y que ya no soportaba tratar de hacer amigos. Que no le caía bien a nadie. Dios sabe cómo me sentí en ese momento. Lloré junto a él, hablando con calma y explicándole cómo era amado por todos nosotros. Siempre he tratado de elevar su autoestima, pero no fue suficiente. Era duro consigo mismo y no quería volver a ser amigo de nadie. Para él solo amigos virtuales, tiene muchos en los juegos en línea, donde es una bestia y aprendió rápidamente a leer y escribir en inglés (mejor que en portugués).

Un día decidí que necesitaba hacer más por él y busqué una escuela normal que tuviera un aula especial y fue lo mejor que hice. El mismo Gabriel me dijo que finalmente se había dado cuenta de que él no era el único diferente, que había otros como él. Se relajó, nunca más sufrió *bullyng*.. Sigue odiando los estudios, diciendo que la escuela no es más que una prisión, pero está más adaptado, con compañeros que lo entienden y son similares a él. Hoy está mucho mejor, menos eléctrico, más centrado, más controlado. Es infantil para sus actuales 17 años. Tiene una verdadera obsesión con la computadora (hiperfoco) y su conocimiento en eso es inmenso.

Es un niño hermoso, amado en extremo por mí, su padre, su hermana. Nunca podría explicar este amor abrumador que me hace feliz, que cuando lo veo hace que mi corazón se acelere, que inmediatamente me traiga una sonrisa en la cara. Él y Camila son la razón de mi vida. Un amor para toda la eternidad. Doy gracias a Dios por el privilegio de tener dos hijos especiales que me enseñaron a crecer como ser humano y a ser mejor persona. Abrí una Asociación de Padres llamada *Inspirare*, con otras madres que también pasaron por todo esto. Aquí en São Paulo trato de nutrir a los padres con una guía y apoyo que no encontré en ninguna parte cuando mis hijos eran pequeños. Yo, por alguna razón que no sé, fui elegida dos veces y me siento honrada con esta oportunidad.

También me gustaría agradecer a Marcus Deminco por la oportunidad de dejar aquí mi testimonio y poder decir a los nuevos y jóvenes padres que hay una luz al final del túnel. Que hay que correr tras el conocimiento, la información y tener mucha, pero mucha paciencia, porque el resto solo lo resuelve el amor.

---

*Simone Alli Chair, 52 años - São Paulo/SP. Directora-presidenta de la Asociación de Padres Inspirare, Presidenta del Instituto Canguro (enfermedades raras), licenciada en Servicio Social, defensora popular, militante en el ámbito de la discapacidad, pero sobre todo, madre de Camila, 25 años con el Síndrome de Asperger, licenciada en el colegio de diseño en animación y Gabriel, 17 años, asistiendo al último año de bachillerato, con perspectivas de aprobar el colegio de diseño en juegos, su pasión. Tiene **TDAH**, con impulsividad agravante, trastorno de oposición desafiante (TOD), y recientemente también ha sido diagnosticado dentro del espectro del autismo. En tratamiento con un neurólogo y un psiquiatra.*

## De la autoestima destruida a las relaciones inestables:
## El TDAH puede destruir una vida.

Sé muy bien por lo que he pasado, y aún hoy lo sigo haciendo. Nací en 1971 y sin la comprensión del **TDAH** y de los profesionales que no existían en ese momento (y que son pocos hasta hoy), toda mi vida se vio perjudicada. Sin entender por qué, aunque soy tan inteligente en temas como crear y arreglar cosas, porque solo observando el funcionamiento de las cosas puedo desmontarlas y hacerlas funcionar de nuevo porque son situaciones en las que tenemos tiempo para pensar, analizar el funcionamiento y resolver el problema sin presión, algo que normalmente no ocurre en las escuelas. Y así crecí, con gente que siempre me elogiaba por ser creativo, inteligente, etc.

Pero cuando entré en la escuela, era muy diferente, solo me destacaba en las asignaturas de artes plásticas y dibujo y siempre como el mejor del aula, pero en casi todas las demás asignaturas era terrible, pero era terrible no porque no pudiera aprender, sino porque me llevaba demasiado tiempo entender y memorizar como a los demás compañeros que tomaban la asignatura más rápido, estaba triste y siempre me preguntaba: "¿Soy estúpido?

En el aula, cuando el profesor preguntaba:"¿Quién no entendió?" Me quedaba callado, porque al ver que todos los demás chicos habían aprendido, me avergonzaba y temía que me llamaran burro, pero mis bajas calificaciones y la necesidad de mis colegas por denunciarme y así era como terminaba siendo delatado.

Estoy seguro de que si hubiera tenido una enseñanza diferenciada, con gente que supiera del **TDAH**, las cosas hubiera sido diferentes y no habría pasado por todo lo que he pasado, porque con el tiempo de aprendizaje respetado y con una metodología de enseñanza diferenciada, tendría mucho más éxito en la vida, porque lo hubiera aprendido todo, incluso con toda mi falta de atención y dificultad para memorizar, porque en mi tiempo siempre aprendo todo, de lo contrario la consecuencia de eso fue la fobia de las aulas e incluso pruebas de trabajo que hasta hoy me hacen sudar frío.

Además de todo lo demás, muchos son los temores que llegan a un portador de TDHA. Especialmente cuando se trata de relaciones y futuros hijos... Al menos así fue conmigo, aunque luché por olvidar, con la esperanza de que algún día las cosas cambiaran, pero desafortunadamente no fue así exactamente. Tarde o temprano te das cuenta de que todos tus miedos se están cumpliendo lentamente y de la manera que siempre temiste.

Imaginé tener hijos y en la fase escolar les preguntaran sobre los temas para los que nunca tuve la oportunidad de aprender cómo debería, debido al **TDAH**, tu esposa con su incredulidad sobre el trastorno, no aceptando y aun diciendo que no hay nada malo en ti, y por si eso no fuera suficiente, hasta que la compra de un coche se convierta en un problema angustioso, cuando debería ser motivo de felicidad, pero termina por no serlo, porque incluso siendo un buen conductor las dificultades para memorizar caminos y comprender rápidamente ciertas intersecciones de las calles me hace temer ir a lugares largos, viajar con el coche ni pensarlo. Y así, termino usando el vehículo solo para ir a rutas ya conocidas.

Mi ex-esposa me recriminaba los puntos lejos a donde no podía ir, y por eso también creé una casi fobia al volante, simplemente por miedo a nuevos lugares y finalmente, cuando menos quieres que empeore, viene el abandono, ella te dice que ya no funciona, y lo más frustrante de todo es saber que no habría sido así si no tuviera TDHA. Es por eso que la gran necesidad de un diagnóstico precoz, ya que actualmente buscaría una pareja con el mismo trastorno, o al iniciar una relación con una persona sin el trastorno, le explicaría sobre el TDHA, mostraría materiales que hablaran sobre el tema y esperaría que la pareja entienda y acepte mis limitaciones, porque con la ayuda y no con recriminaciones y críticas, se puede lograr que cualquier portador de TDHA supere todas las dificultades que puedan tener en la vida.

---

*Daniel Rêgo de Aguiar (Salvador/BA), 44 años, Seguridad y graduado de Auxiliar ADM - Diagnosticado con TDAH y en Tratamiento.*